U0550588

從拖延症到高效行動

目標達成技術

從從房間整理到時間管理，
讓好習慣自動化的 46 個練習

米田瑪麗娜——著
姜柏如——譯

前言

努力與幹勁並非達成目標的必要條件

最近，你有成功達成任何個人目標嗎？新年設定的目標，你完成了幾項呢？拿起這本書的你，或許也曾有過這樣的經驗——即使設定了目標，卻難以持之以恆，最終半途而廢。

請放心，從現在開始，你不必再因為三分鐘熱度而懊悔不已。

當聽見「達成目標的第一步是整理辦公桌」時，你會怎麼想呢？

或許你會想：「整理辦公桌和達成目標有什麼關係？工作都忙不過來了，哪還有時間整理辦公桌？」事實上，盲目地坐在雜亂的辦公桌前，非但做事沒效率，還無法集中注意力。

「整理」在本書中的意義是整理「頭腦」和「環境」，進而建立能堅持實現目標的一套機制系統。

具體而言，包括以下幾點：

- 清理混沌的頭腦，消除雜念（腦內整理）
- 減少視線範圍內的干擾，僅保留必要物品（環境整理）
- 將目標落實於日常生活（建立機制系統）

你是否有過這樣的經歷：打開課本想自學，卻連十分鐘都讀不下去，或是常被雜念干擾，在不知不覺中浪費時間。

無論是缺乏專注力導致學習受挫，還是立下目標卻半途而廢，問題不在於你缺乏幹勁，而是你尚未優化周遭環境，**建立將目標融入日常生活的機制系統**。與其依賴意志力硬撐，例如考前開夜車，囫圇吞棗地狂寫題庫，不如建立一套機制，在最短的時間內高效達標。

在這裡，我先簡單介紹一下自己。

我是全職的不動產開發專員，副業則是整理收納顧問，同時從事寫作、媒體邀訪等公關活動。

此外，我也在工作之餘，攻讀一橋大學ＭＢＡ研究所的夜間碩士班，並於二〇

前言

二二年取得企業管理碩士學位。後來還考取了不動產經紀人資格，並基於興趣進修商務英文、中文會話等課程。

從這些經歷來看，各位讀者應該很難想像，其實我的恆毅力並不強。

如果單靠意志力苦撐，人不僅容易感到疲倦，即使坐在桌前打開書本，八成只會徒增滑手機的時間而已。因此，**我不會過度信任自己的意志力，而是適度依賴可靠的做法**，就算要花錢，也在所不惜。

缺乏恆毅力的我，仍能在繁忙的工作之餘，持續達成許多個人目標。這背後的關鍵，正是本書所強調的「**自動機制**」。

在本書中，我將毫不保留地分享我親身實踐的有效方法，例如：

- 打造專屬學習空間，騰出三．五坪私人空間佈置成咖啡廳，營造專注環境
- 定期舉辦「斷捨離會議」，揪出時間小偷，只做重要的事
- 與其硬記死背，不如打造能快速找到答案的查詢系統
- 打破學習場域的限制，睡覺和泡澡時也能有效學習

- 整理手機桌面，只保留真正想看到的資訊
- 建立「平日知識輸入，假日知識輸出」的模式
- 每月回顧目標，根據執行情況調整下一步的目標

讀到這裡，你可能會感覺做起來很困難。

事實上，不只是我，許多我的客戶也都透過這些方法克服了意志力薄弱的問題，成功達成了各自的目標，想必你一定也辦得到！

本書的每個章節開頭，都用一篇淺顯有趣的漫畫作為情境引導，請跟著故事中「經常立下目標，卻屢屢面臨挫敗」的主角，共同朝目標邁進吧。

無論你是終日忙碌、一再拖延進修計畫的上班族，還是想改變永遠敗給懶惰的自己，請從最能引起共鳴的章節開始閱讀，相信你會有意想不到的收穫！

米田瑪麗娜

STEP 2

整理思考和時間——只專注做該做的事，就會習慣成自然

STEP 3

整理資訊——用數位工具系統化的管理資訊，並內化爲知識

STEP 4

整理優先順序——設定每日任務，高效達成目標

STEP 5 整理內心——驅散焦慮，一鼓作氣朝目標前行

STEP 6 遇到阻礙時——在找到最適合自己的做法前，絕不放棄

序章

當你不再為自己找藉口，就離目標更近一步

「讓自己不知不覺就達標！」的實現目標法

原本計劃週末專心念書，結果回過神來卻發現自己無所事事地滑著手機……新年的目標也老早忘得一乾二淨。

即使你一直以來都討厭唸書，總是提不起幹勁，也別因此放棄。**因為問題不在於個性或幹勁，而是欠缺「讓行動變簡單的機制」**。

學生時代的我們，平日起早趕晚，寫筆記管理讀書進度，每天伏案苦讀好幾個小時。這是我們從小被灌輸的學習觀念，可如今我們已經是社會人士，難道學習只能這樣嗎？

高中時，我遵循學校和補習班教導的讀書方法準備大學聯考。平日埋首書桌前學習四小時，假日則苦讀十小時，還詳細記錄各科的學習時間。

雖然順利考上大學，但回顧高中時期，我幾乎沒有參加社團或運動，也很少與人交往。生活起居全仰賴父母，娛樂活動更是寥寥無幾。這種孤獨的生活讓我意識到：

「若繼續這樣埋頭苦讀，根本無法獲得幸福！」

從那時起，我學會在事業、生活、社交與興趣之間取得平衡，同時也不斷探索**如何在不勉強自己的前提下持續學習**。

時至今日，智慧型手機已與人們的生活密不可分，線上與線下皆充滿便利的服務。你對學習的印象是否仍停留在必須翻開教科書與筆記本，像個考生般埋頭苦讀呢？

我認為實現目標的方法應該與時俱進。本書想傳授大家**無須強大意志力，能「騙過自己」，並自然而然實現目標的機制系統**，例如：

- 用手機隨時記錄大小瑣事*，而非依賴記憶力
- 在不擅長的領域，不吝於花錢取得優勢
- 採用彈性多元的學習方式，讓學習輕鬆不死板

本書所探討的目標，不僅限於學業或考取證照，還涵蓋副業、興趣、家務、運動以及職涯等方面。無論目標大小，只要能實現，都會為人生帶來滿足感和成就感。**每天享受小小的成就感，遠比渾渾噩噩度日來得幸福**。尤其是忙於家務和工作的人，更該靈活運用零碎時間，來自然而然地達成目標。

* 本書提到的手機APP和電腦軟體的操作方法為二〇二五年四月的資訊。最新資訊請以各服務供應商官網公布內容為準。

STEP

1

整理環境

——打造容易專注的環境，消除多餘的干擾

STORY 01 老是三分鐘熱度，該怎麼辦？

我得想想辦法才行～
是我缺乏毅力嗎？
豎起耳朵
要每天早上五點起床嗎？
還是要在瀑布下打坐修行？
雖然查了一些資料……
激發幹勁的100种方法
唉～
沒辦法，我天生就是三分鐘熱度，
也討厭學習……
難以忍耐
再這樣下去，你只會一事無成！！
咻
咻
哇?! 兔子說話了！
你的首要任務就是整理環境！
亂七八糟
書桌？
→續本書第 44 頁

01 打造理想學習環境，找回專注力

各位讀者知道「**整理**」的真正含義嗎？

「整理」既不是單純收起雜物，也不是斷捨離。它是由以下三個步驟組成：

- **清點**：取出所有物品，釐清物品跟自己的關係。
- **收納**：根據分類，為每件物品指定固定的存放位置。
- **收拾**：使用完物品後放回原位，維持整潔秩序。

遵循「**清點↓收納↓收拾**」的順序至關重要，因為每個步驟環環相扣，缺一不可。

大家是否有過這樣的經驗？當有人來家裡作客，便匆忙整理房間，但過不了幾天，房間又恢復原狀。若跳過物品分類的步驟，只是將雜物隨意塞回架子或壁櫥，這種流於表面的整理無論做多少次，都無法真正讓空間變得整潔有序，根本毫無意義。

事實上，**保持桌面整潔，可以提升我們的專注度**。當你鼓足幹勁打算投入工作或學習前，先整理一下桌面吧！這個方法不僅適用於整理生活空間，還能幫助我們更有效地管理時間並理清思緒，**了解自己平時的時間分配和思考模式**。

每天都渾渾噩噩過日子，就算學習新事物，也很難學以致用，甚至會覺得時間永遠不夠用。即使看了許多網路論壇或社群平臺上關於「時間管理術」與「高效學習法」的分享文，但如果無法真正落實在生活中，根本也只是紙上談兵。

吸收新知，必須先從過濾篩選資訊做起。

POINT

好好審視自己持有的物品，還有如何分配時間。

02 用「不丟東西整理術」，替現有物品分類

許多人認為「整理＝丟棄」，但實際上，丟棄只是讓物品數量合理化，並不等同於真正的整理。

若強迫珍惜物品、捨不得丟棄的人使用「斷捨離」的整理法，反而可能讓他們承受過大壓力，導致過度購物與囤積物品。

若想實踐「不丟東西的整理術」，關鍵在於依照個人喜好，對「用不到但捨不得丟的物品」進行分類，並進一步探究自己想留下它的理由。

難以割捨的理由有千百種，除了情感和回憶外，也包含羈絆、價格和罪惡感等。

然而，若因「先放著沒關係」的心態而不願丟棄物品，最終只會讓房間堆滿雜物，導致整理變得困難。

因此，我們應該為物品設定優先順序，例如：「分類後依照個人喜愛度排名」、「如果是收藏品，可與同好討論怎麼分類」。對於喜愛度較低的物品，可以轉讓給他人，或透過數位化方式保存，例如拍照留念。

以偶像與動漫周邊商品為例，有人會收藏演唱會應援商品，或是將紀念品當作居家擺飾；相對地，也有人會保留絕版限量的書籍或ＤＶＤ。

你可以將雜誌和照片數位化，存放於智慧型手機以便隨時欣賞；或將尺寸不合的衣服改造成化妝包等，精選真正喜愛的物品，減少不必要的持有量。這種整理方式不僅適用於物品，同樣也能運用在時間管理、思考模式與人際關係上。

談到人際關係的整理，我們往往容易陷入「非黑即白」的思維，將事情簡化為兩個極端。然而，並不需要勉強自己進行斷捨離。

如果為了實現目標完全不參加聚會，或是在達成目標前拒絕所有朋友的出遊邀約，這樣的做法過於極端，不僅顯得不近人情，可能會讓人生變得枯燥乏味。話雖如此，若你的行事曆都被不重要的行程填滿，生活也會很沒意思。

因此，關鍵在於**每季定期檢視自己對物品的喜愛程度（滿意度），將時間投注在真**

正喜愛的人事物。

我不參加人多的聚會，但會主動聯繫想見的少數朋友；考證照前，我不會參加飲酒聚會，而是選擇與特定人士共進午餐。同時，我也會主動規劃行程，將「敘舊月」與「讀書月」分開。

如今，透過 LINE 即可進行語音與視訊通話，因此社交方式更加彈性。我們不需要與所有人事物斷絕聯繫，而是運用「換季」的概念，與當下不需要的關係或物品保持適當距離。

POINT

依照喜愛程度（滿意度）判斷物品的去留。

03 遠離讓自己產生自卑感的物品

那些尚未完成的事，影響專注力的程度遠超我們的想像。

過去，許多有「在家很難專心工作」困擾而向我諮詢的客戶，辦公桌上都堆滿了未處理的文件。光是看到眼前擺滿與工作無關，或是自己不擅長領域的書籍和教科書，人們往往會因此失去工作動力與挑戰精神。

還有，我們經常很難瞬間判斷出哪些物品是基於興趣收藏，哪些物品是源於彌補心理的過度購買。我們還要注意那些因負面情緒而囤積的物品，例如落榜後留下的考試用書，或只是擺著好看的減肥器材。

如果你由於「必須更努力讀書」或「總有一天要瘦下來」的焦慮而留下這些物品，卻遲遲沒有執行計畫，還是盡早處理掉這些物品吧。

此外，親朋好友贈送的物品會造成心理負擔，那就不是回憶，而是一種束縛。如果你總想著「總有一天會用到」而無法捨棄物品，**不妨把「總有一天」改成「最近三個月」**，或許就會有所改觀。

即使你下定決心「總有一天要瘦下來」，但若無法在最近三個月內，把「在家用健身器材鍛鍊身體」納入行事曆，那這些器材未來大概率也不會用上。這類物品不僅占據空間，還會讓你因閒置而產生罪惡感，進而降低你去健身房運動的動力，甚至導致精神內耗。

對於用不到的昂貴物品，建議轉賣。你可能會驚訝地發現，那些讓你感到自卑的東西，不僅比想像中搶手，還能賣到好價錢呢。

同樣地，手機裡也潛藏著許多可能引發自卑感的內容。只要打開社群媒體，就能看到藝人或朋友分享光鮮亮麗的生活；購物網站充斥著具有煽動性的廣告詞；新聞網站與影音平臺，也推播著大量娛樂八卦與網紅動態。

保持專注力的祕訣，就是避免接觸可能打擊到自信心的資訊和物品，例如：

- 減少使用社群媒體，或是移除相關應用程式。
- 僅關注必要的新聞來源，並關閉推播通知。
- 隱藏數位串流平臺上不想看到的內容，例如關閉 YouTube 的短影音推播。

學會整理智慧型手機的資訊環境，就能降低外界對自信心的影響。此外，也可嘗試關閉 LINE 的「新聞推薦」功能[1]，為自己的生活降躁。

POINT

隱藏跟自己無關的物品與資訊，有助於提升專注力。

❶ 依序點選主頁的「設定」→「通話」→「顯示通話或 LINE TODAY 標籤」，最後選擇「通話」。

04 如果你在家很難學習，那就把家變成咖啡廳

不少人會在外出的空檔到咖啡廳讀書，甚至成為所謂的「咖學族」（在咖啡廳學習的人）。然而，若是因為無法在家中專心學習，因此需要到咖啡廳的話，**學習的門檻可能會比習慣待在家裡學習的人更高**，也更難養成學習習慣。

去咖啡廳讀書，免不了要打理儀容，攜帶學習用品才能出門。但抵達現場後，很可能會面臨環境嘈雜、冷氣不夠強、座位擁擠……等情況，無法長時間專心學習，結果書沒讀到幾頁只能被迫離開，轉而去用餐或是逛街。這樣充其量只是去散步喝咖啡，學習效率並不高。

因此，我強烈建議在家中打造專屬的「居家咖啡廳」，營造合適的學習環境。咖啡廳的單人座位面積略小於半坪，換句話說，沒必要將整個房間都打造成讀書空間，

只要騰出半坪空間就好。

假如房間小到只夠擺一張折疊矮桌，建議可以考慮捨棄電視與大型家具，利用騰出的空間擺放一套桌椅，長時間坐在地板上終究不是長久之計。你可以購買電視盒，使用智慧型手機、電腦，或微型投影機來取代電視。如此一來，便能省下電視、電視櫃及觀影空間，輕鬆騰出半坪的學習區域。

至於大型家具的斷捨離，可以考慮斷捨離書架、櫥櫃、衣櫃、沙發，甚至是健身車等健身器材。

如果想騰出更多空間，不妨捨棄床架，將床墊直接鋪在地上，白天再折疊收納（我家也沒有床架，打掃起來方便多了）。

只要捨棄一件家具或家電，便能輕鬆騰出半坪空間。只需在遠離家人動線與視線的位置擺放一套桌椅，即便面積不到半坪，也能打造出比咖啡廳更能保持專注的空間。

除了讀書，半坪空間還能搖身一變，成為健身、減肥等養成良好生活習慣的理想環境。多出來的半坪空間，不僅能讓你輕鬆攤開瑜伽墊，甚至還能改造成小廚房。

確保工作區域，既是整理的目的，也是整理的精髓。

想培養好習慣，不必局限於外出，在家也能打造適合養成良好學習習慣的環境！

POINT

即使不出門，也能善用家中的半坪空間，完成所有重要的事。

05 選對桌椅高度，減少久坐的負擔

無論是文書工作，還是在家進修……為了達成目標，我們難免需要長時間久坐。然而長時間的固定姿勢，可能會導致身心俱疲。

如果你發現自己無法集中精神，或許不是意志力不足，而是身體僵硬影響了你的效率。

你家的桌椅高度真的適合你嗎？

目前市售的桌子高度普遍為七十公分，這是根據日本JIS（日本產業規格）標準，以一般男性身高為基準所設計的尺寸。

然而，手寫作業與電腦作業，都有各自適合的桌椅高度，選擇合適的設備才能提升舒適度與工作效率。

關於適合的桌椅高度，電競家具品牌寶優特（Bauhutte）的官網有提供免費的計算服務[2]，只要輸入身高，就能計算出適合自己的桌椅高度。

理想情況下可以選購升降桌，依照工作內容調整桌子高度，也可以偶爾切換成站姿，舒緩久坐的不適感，應付長時間的工作需求。家中已有書桌、不方便添購新設備的人，也可以選擇可調式電腦椅，搭配腳墊使用來調整高度。

相信很多人習慣透過按摩來緩解工作疲勞。

根據二〇二〇年日本衛生行政報告案例[3]指出，全日本的按摩店、針灸店、整骨店的店鋪數量高達十四萬間，是便利商店的兩倍之多。

雖然專業的按摩技術能有效舒緩肌肉僵硬，改善身體不適，但如果沒有定期去按摩院報到，疲勞只會日益累積。

因此請秉持「**當天疲勞，當天消除**」的原則，每天花五分鐘做瑜伽或是伸展運動來放鬆身體。對於身體僵硬、不適合做瑜伽的人，也可以在 YouTube 上搜尋符合自己程度的瑜伽教學影片（在此推薦我每天必看的 YouTube 瑜伽頻道「B-life」）。

只要在房間內騰出一張瑜伽墊的空間就能輕鬆開始，所以從現在起，養成在家放鬆身體的習慣吧。

POINT

打造不易累積疲勞的工作環境，並靠自己在家消除疲勞。

❷ https://www.bauhutte.jp/bauhutte-life/tip2/

❸ https://www.mhlw.go.jp/toukei/saikin/hw/eisei/20/dl/kekka3.pdf

06 讓整理常規化，輕鬆維持整潔

與其每天追求房間一塵不染，不如以「週計畫」來規劃家中打掃，更容易長久維持整潔。

大家可以比照排定「讀書計畫表」的方式，每週安排特定時段進行清理。例如：**每週三晚上與週日上午固定整理與打掃，平時則利用零碎時間，進行三分鐘內就能完成的簡單整理**。如此一來，即使遇到忙得不可開交的「地獄週」，也能輕鬆無負擔的養成整理習慣。

在忙碌的平日，只要三分鐘就能整理完畢的祕訣，在於**「動線設計」**與**「臨時收納籃」**。將常用物品集中放置在方便拿取的地方，使物歸原位成為舉手之勞。例如：沒有固定位置的眼鏡容易被隨處亂放；常穿的外套若與過季衣物混在一起，找起來也會很麻煩。

常用物品應擺放在日常動線附近，不常用的物品則應集中收納於抽屜等不易看見或拿取的地方。

但生活中難免需要拿出一些不常用的物品。各位是否有早上匆忙尋找要帶去公司的文件，或是某件久久才穿一次的洋裝，結果導致房間變亂的經驗呢？

在忙碌的平日，實在很難做到物歸原位，因此可以準備「臨時收納籃」，隨手放置臨時用到或是歸位很麻煩的物品，並於每週固定清空，確保不會越堆越亂。

建立「即使在地獄週把房間搞得亂七八糟，但週日一定恢復原樣」的生活常規，久而久之，整理就會變成一種自然而然的習慣。你可以依照自己的步調，每天或每週規劃整理時間，當整理常規化後，打造理想的生活環境並不難！

以我自己為例，週末其中一天，我會兼職寫作或是自我進修，另一天會跟親朋好友出遊，或是從事個人興趣；平日晚上由於工作已經讓我筋疲力盡，所以我只會處理簡單的事務，例如做家務、回覆副業相關信件、記帳等。

若是週末行程滿檔，平日又經常加班或應酬，就會壓縮到自我精進或副業的時間，因此控管行程至關重要。

例如本月目標是「構思新企劃」，在月初就應該把「去採訪某人」與「去圖書館查閱相關書籍」等事項納入行程規劃。

按照自己的規則安排目標的日期與時段，不僅能提高效率，還能事半功倍。

以我為例，由於上午頭腦最清楚，適合使用 Excel 處理數據與審閱合約；至於思緒較為紊亂的夜晚，則適合發想企劃內容。此外，週一最有幹勁，適合處理電腦文書；倦怠感最強的週五，適合開展新的工作項目。

除此之外，我會技巧性地避免上午開會，或是將新的工作項目盡量安排在週五，力求在可控範圍內安排行程。你甚至可以對外宣布「**這項工作留待這個週日處理**」。

如果對每天一成不變的例行公事感到厭倦，可以依照個人狀況，以週為單位建立生活常規，長期維持對工作的新鮮感。

POINT

讓整理和學習成為每週固定行程，透過時段劃分工作內容，維持新鮮感。

01 專欄・人生整理術
如何度過人生迷茫期

歲末年初，我們總會為自己立下好幾個目標，例如「說一口流利的英文」、「早日實現財富自由」、「環遊世界一周」等。然而，這些目標過於籠統，不僅容易陷入「三天打魚，兩天曬網」的狀況，甚至可能連第一步都遲遲無法踏出。

設定目標的關鍵，在於將其具體化，並細分為可執行的「日目標、月目標與年目標」，然後逐步實踐。

如果發現自己難以獨立完成，也可以尋求專業人士的幫助。

以我自身經驗來說，剛從大學畢業時，我進入了住友商事，但因為對數字不敏感，從入職以來一直感到自卑……當時我的 Excel 試算表錯誤連篇，於是主管提醒我：「沒有一個成功人士是數字白癡。」從那次後，我就立下「**加強數字敏銳度**」的目標。

如今回想起來，這個目標非常籠統，我當時雖然砸錢買了一大堆會計和金融方面的書籍，卻只是囤積而不閱讀，每逢週末學習進展不順利便感到沮喪，還在一時興起下報考了簿記考試，卻最終落榜。

這樣的惡性循環持續了約五年，我驚覺到這樣下去不是辦法，才決定平日晚上報名MBA在職專班。

自從開始攻讀MBA後，設定目標頓時容易多了，終於能夠將籠統的「提升數字敏銳度」轉化為具體目標：**修得金融基礎和會計基礎的學分，累積職場所需的業務知識，並在工作上能夠協助公司同事。**

接下來，我進一步將長期目標拆解為「日目標」跟「月目標」，然後逐步執行。

讀了兩年碩士班後，不僅原本的自卑感煙消雲散，我還獲得了足以稱為自身強項的專業能力。

如今，雖然已轉職，但在MBA學習期間培養出的自信，至今仍然對我有很大的幫助。若當初執意選擇孤軍奮戰，我想無論經過多少年，自己都無法真正克服自身的弱點，甚至可能變得越來越自卑。

「天生數字敏感度差」的刻板印象，讓我即使足以應付挑戰，依然選擇逃避錯誤與待在舒適圈；甚至面對目標裹足不前，讓大好週末在後悔中度過。

最後在老師和同學們的幫助下，我成功實現了目標，攻讀MBA的過程也成為我寶貴的成功經驗。

01 筋疲力盡的平日夜晚

身為上班族，平日往往都是筋疲力盡的回家。什麼都不想做的時候，不妨練就一心多用的功力吧。

不一定要是讀書學習，像是一邊看電視一邊做伸展運動，吹頭髮或刷牙時順便深蹲等等，把所有行動都變成「順便做點什麼」的時間，會是很不錯的方法喔！

躺著的時候

- 觀看 YouTube 教學影片（如英語會話、會計、宅建士證照、心理學等，可以多方涉獵）
- 觀看串流平臺影片（看國外影集時開英文字幕或觀看財經節目）
- 下載行動學習 APP（如 VoiceTube、TED、Duolingo 多鄰國等）

- 觀看進修課程的影片（用手機看 zoom）

洗碗&整理的時候

- 邊洗碗邊跟讀英文（可在 YouTube 上搜尋「跟讀」）
- 邊烹飪邊經營社群頻道（我都是在烹飪時錄製 Voicy〔日本音訊平臺〕）
- 邊收拾房間邊聽有聲書（Audiobook 或 YouTube 的書摘頻道）

泡澡的時候

- 將防水電子書閱讀器 Kindle 或隨身口袋書帶進浴室
- 帶原稿複本進浴室，朗讀和排練隔天簡報的內容
- 將手機放入夾鏈袋，邊看資料邊腦力激盪，然後把想到的靈感紀錄於在備忘錄APP上

STEP

2

整理思考和時間

——只專注做該做的事，就會習慣成自然

將書桌附近大量的物品全部擺出來後……
才發現文件堆積如山……
真正用到的沒幾樣，大多都是花錢買心安的非必需品呢。
每天使用
偶爾用到
每個月只用幾次
別人送的
花錢買心安
英文單字
TOEIC
證照
報廢資料
點頭！
桌上只放必需品後，桌面就乾淨溜溜！
讚啦！
進展的很順利呢！
5分鐘後
啊，我行李箱還沒買。
20分鐘後
對了，衣服該洗了。
喀噠
結果連五分鐘都堅持不了啊……

寫完一章試題
洗衣服
領宅配
準備旅行
回 LINE
…
沒錯！我們無法同時執行多項任務！
今日晚餐
進修
家務
打包行李
跟朋友聊 LINE
大腦
咦？
啪嗒
整理好桌面後，還得整理思緒才行！
所以我們需要依賴專案管理工具！
1 2 3 4 5 6 7 8 9 10 11 12 13 14 15 16
寫完第一章試題
做線上模擬考
調查航班
買機票
買西裝
解完第二章試題
原來如此。
加油！
只要堅持三十分鐘…
假日花三十分鐘做
專注
只要有空就做
無精～
打采～
最好像這樣規劃時間。
只要三十分鐘就好？
進展的很順利呢！
再讀三十分鐘吧！
Good!

→續本書 74 頁

07 停止「愈多愈好」的思維

各位聽過「邊際效用遞減定律」嗎？這是微觀經濟學中消費者理論的一個概念，意指消費者對某個特定商品的消費量增加時，**每額外增加一單位商品，所帶來的滿足感會逐漸減少**。

最經典的案例，就是「第一杯啤酒最好喝」。雖然同樣都是啤酒，第一杯啤酒所帶來的滿足程度，遠高於第六杯啤酒。事實上，這個概念不僅適用於物品，也適用於時間與思維。事物並非越多越好，剛剛好才最好。

以整理書房為例，假設你在書房筆筒內放了十支好寫的黑筆，但其實每次只會用到一支，其餘九支根本派不上用場，甚至還會妨礙其他文具的取用。但如果將十支黑筆，分別放在書房、廚房、玄關、皮包，剩下六支收納於櫃內作為備用品，那麼每支筆都能發揮它的價值，真正被善加利用。

至於無法有效利用的物品，從空間管理的角度來看，**擁有它們並沒有好處**，都是生活中最好避免購買或囤積的物品。例如居家儲備物資以兩週份量為主，超過則代表過多，可以考慮適當處理。

空間有限的道理，也適用於我們的時間與大腦。

我們經常聽到「知識不嫌多」或「先記起來以備不時之需」之類的說法，但我對此很不以為然。畢竟用不到的知識，只會白白佔據大腦的容量。

你是否也曾不自覺地用「看似有用的東西」填滿自己的房間、時間與大腦？

每天花時間瀏覽娛樂新聞或八卦，結果腦海中充斥著無關緊要的資訊，卻沒有足夠的思考空間去規劃如何實現自己的目標。

即使是表面上有益的資訊，如妝容技巧或烹飪方法，若短期內用不到，也與無用資訊無異。當資訊的品質與所耗費的時間不成正比，那就等於浪費時間。因此，在接收每則資訊前，都應先對資訊品質進行嚴格把關。

別抱著「知識不嫌多」的期待，對於所有資訊照單全收，不妨嘗試暫停關注與自身目

標無關的新資訊。

唯有整理思緒，把雜念和負面情緒拋諸腦後，才能更專注於眼前的目標。同理可證，無法有效活用的物品與時間，也應適時斷捨離，為真正重要的事物預留空間。貪多嚼不爛，往往只會浪費時間，徒勞無功。

POINT

無論是物品、時間還是資訊，都應審慎檢視其必要性。

08 適度歸零，提高專注力

減少干擾注意力的雜物，能讓人更專注於當前工作，這點無庸置疑。

與其在擺滿私人收藏品與文件的書桌上工作，不如選擇旅館、K書中心等無多餘雜物的環境，更能激發工作動力。學生時期，每逢大考前夕，許多人會開始整理房間，正是因為映入眼簾的雜物容易讓人分心。

書桌是你的辦公空間，而非收納空間。**能夠自由運用的辦公空間越多，專注力也會隨之提升。**

這種刻意打造專注環境的概念，不僅適用於物理空間，同樣也適用於思維管理。即使桌面整理得再整潔，如果腦中充滿紛亂思緒，依然難以專注於眼前的工作。其中，尚未完成的待辦事項，更是專注力的頭號大敵。

特別是在需要全神貫注的時刻，腦海中卻偏偏浮現各種雜事，例如：明天要去洗衣店、還沒繳電費、最近缺乏運動，該去跑步、公司報告還沒交等。

因為我們習慣用大腦記住所有待辦事項，才會導致注意力分散。因此，要避免分心，就必須學會善用專案管理工具、筆記本等輔助工具，代替大腦來管理任務。

有些人會利用便條紙或用大字寫出來貼在牆上提醒自己，**但這些視覺訊息不僅容易干擾注意力，看久了甚至會視而不見，導致真正需要記住的事情，最後關頭反而會被遺忘。**

因此，在需要高度專注的時候，選擇「眼不見為淨」的管理工具，減少視覺干擾。最理想的工具是具備特定日期倒數提醒功能的應用程式。而習慣做紙本筆記的人，則可以透過行事曆與待辦清單達到相同效果，相關專案管理工具可參考本書〈利用提醒小工具，高效處理日常瑣事〉一篇。

在擬訂計畫時，也需要適度安排**歸零**時間。

首先，請回顧自己過去兩週的行事曆，如果你的時間被加班、大量應酬塞滿，那麼就很難全心投入工作，甚至可能逐漸偏離原本的目標。

若你發現自己始終難以專注於單一任務，不妨在行程中刻意安排時間讓大腦停機。我建議大家可預留**半天的歸零時間**，這樣不僅能讓大腦從繁雜的行程中休息，還能在恢復精力後，對目標保持更好的專注力。

所謂的「歸零時間」，指的是完全不安排任何行程、可自由支配的時段。與朋友共進晚餐或去做美甲，都不能算在內。

歸零時間過短，容易影響前後行程的安排。相反地，若超過一天，則可能讓人陷入「想要擁有更多閒暇時間」的狀態，導致計畫難以執行。

我會將週末劃分為四個時間區塊，根據「**休息、做家務、實現目標、社交**」四大要素來安排時段，例如：

①**達成目標時間**——週六上午寫英文題庫。
②**做家務&休息時間**——週六下午打掃後，出門送洗洋裝，散步放鬆。
③**社交時間**——週日上午跟大學好友共進早午餐。
④**達成目標時間**——週日下午研讀新專案的相關書籍。

請回顧你的行事曆，看看最近是否有充分利用寶貴的週末吧。

POINT

在任務與任務之間，適當安排歸零時間。

09 利用提醒小工具，高效處理日常瑣事

日常生活中的小事，若直接列入專案管理工具，可能會顯得雜亂且多餘。像「週三和週五要倒垃圾」、「下班順路買衛生紙」等小事，更適合交給人稱「第二大腦」的數位工具來管理。

或許有人認為刻意記錄這些瑣事反而麻煩，但事實上，讓這些雞毛蒜皮的小事佔據大腦，只會降低你的工作效率。

使用數位工具的目的，**不是幫助我們記住小事，而是讓我們忘掉小事**。

此外，數位記事工具相比紙本筆記更具優勢，主要原因在於使用頻率高。根據日本最大新聞稿平臺 PR TIMES 公司針對十～六十歲族群進行的調查[4]顯示，每人每天平均查看手機（喚醒螢幕）五十六次，至於翻閱紙本筆記的頻率，每天最多也不超

過五十次，甚至遠低於此。

將「下午六點收快遞」或「下班後去拿送洗的衣物」寫在便條紙上，若回家後才猛然想起，根本沒有意義。因此，不如使用能即時通知自己的手機備忘錄更可靠。

我個人偏好使用 LINE 的提醒機器人「Dola AI」。只要在特定時間輸入想記錄的內容，它就會在指定時段透過 LINE 訊息通知你。

現代人頻繁查看 LINE，因此即使不特意檢查待辦清單，也能被動接收提醒，可說是一舉兩得。舉例來說，只要輸入：「每週二晚上七點倒垃圾」、「今天晚上六點半要去買衛生紙」，Dola AI 就會在指定時間提醒你。

至於有明確時間的待辦事項，例如「下午兩點自來水公司的人會來」，則可以直接使用手機內建鬧鐘功能來提醒自己。

然而，像「順路時去超市買衛生紙回家」或「差不多該繳牌照稅了」等人、時、地、物都不明確的待辦事項，就算設定鬧鐘也會忍不住按「稍後提醒」，導致持續拖

❹ https://prtimes.jp/main/html/rd/p/000001076.000000112.html

善用 Line 提醒功能，擺脫瑣碎雜事

【使用 Dola AI 的情境】

我：提醒我明天 15:30 上課

Dola：
√ [上課] 已添加
• 日期：明天（週五）
• 時間：15:30-16:30
• 提醒：提早 15 分鐘

——到了當天 15:15……——

Dola：
√ [上課]15 分鐘後開始！
• 時間：今天（週五），15:30-16:30

我：啊，差點忘了，謝謝！

打造讓自己保持專注的狀態。

延。這時，使用 LINE 提醒機器人會更合適。

此外，出門在外或搭乘大眾運輸時，也不用擔心 LINE 訊息通知會影響他人。你還可以將 LINE 提醒機器人加入親朋好友的 LINE 群組，共享待辦事項，例如提醒家人幫忙買東西或倒垃圾，對健忘的家人特別實用。

傳統的方法則是在冰箱門上貼軟性白板，作為家務任務提醒板。不過，許多人在居家辦公或自學時，只要瞄到白板，就會忍不住先去做家務，反而會影響專注力。因此，建議將任務先寫在白板上，告訴自己**等完成主要工作後再處理**，這樣就不用擔心手頭上的事務被打斷。

此外，白板還能跟沒有智慧型手機的孩童與長輩共享家庭待辦事項，確保所有人都能清楚掌握家務。

POINT

先把任務寫下來，然後「刻意」暫時忘記。

10 透過「斷捨離會議」杜絕時間小偷

在職場中，許多公司致力於工作項目的精簡化，排除例如冗長無謂的會議，或流於形式的空泛討論。

我認為精簡化的概念不僅適用於職場，在個人生活與家庭中，最好每半年也能實施一次。

我們時常列出想做的事，**卻鮮少會反思哪些事其實不值得做**。因此，首先可以從個人層面著手，回顧那些會讓你覺得是在浪費時間的活動，並將其記錄在筆記本或手機備忘錄APP中，加以分類整理成**「獨處的時間小偷」**、**「工作的時間小偷」**、**「社交的時間小偷」**等類別。透過檢視行事曆與手機使用記錄，這些「時間小偷」將無所遁形。

定期召開「斷捨離會議」

獨處的時間小偷

每十分鐘看一次社群平臺／看電視看到睡著／去便利商店衝動消費

工作的時間小偷

列印文件／只為了分享心得而召開的冗長會議

社交的時間小偷

遲遲不肯散會的聚餐／為了應酬的續攤

揪出時間小偷，找回被偷走的時間
→將時間投入到真正重要的事情上！

儘管網路上充斥著各種省時妙招，但本書強調的重點並非單純「節省時間」，而是「**從源頭杜絕時間浪費**」。當然，這並不意味著生活必須嚴苛到分秒必爭，減少不必要的時間消耗就已足夠。

具體來說，你可以為這些無謂事項訂定頻率，例如「將公司聚餐的出席次數減少三分之一」，並試行半年觀察效果。

至於耗時較久的活動，可選擇適當時機中途離場，無須全程參與。若想與許久未見的老友敘舊，卻擔心行程過於緊湊身體會太操勞，不妨帶上伴手禮，簡單寒暄幾句就告辭，這樣做也不會失禮。

即使是獨處時間，也可能隱藏著各種無謂的「**等待時間**」。細心觀察便會發現，無論是購物、就診，或外出用餐，許多時間都耗費在無意義的等待中。因此，出門前可先查詢是否能透過網頁或APP進行線上預約，或是改以遠端操作，並規劃出最省時的行程動線，以最大化時間效益。

省下的時間，便能自動轉變成你實現目標的時間。這種方式同樣適用於家庭管理，家人可以共同檢視並剔除不必要的家務或陋習，例如繁瑣的家務、過於勞師動眾的家庭聚會等，然後一起討論出可行的替代方案。

建議大家在每年六月與十月換季時，不僅整理衣物，也同步進行「**思維與物品的斷捨離**」，讓生活與時間管理更加井然有序。

每樣物品都有保存期限。例如，書架上多年未讀的書籍不僅積滿灰塵，還可能削弱閱讀的動力。同樣地，長年累積的文件與紀念品，也應該定期檢視與篩選。思維也是同樣道理，若能每年定期進行兩次「思維與物品的斷捨離」，你會發現自己彷彿脫胎換骨，生活也變得更加輕盈自在。

POINT

當你告別無意識的浪費，真正重要的事物自然會融入你的生活，讓日常變得更有價值。

11 用耳朵「聽」娛樂，減少視覺負擔

讀完前一篇後，想必許多人都希望自己能**減少滑手機的時間**。

根據調查機構MMD研究所的一項調查[5]，在十五～六十九歲的五五九名受訪者中，約七成人認為自己過於依賴手機，顯示大多數人都有察覺到自己**花費過多時間在手機上**。

然而，在這個數位時代，想與手機保持距離需要極大的意志力。雖然許多人建議「將手機放在客廳充電，不要帶進臥室」，但對於習慣使用睡眠追蹤APP、鬧鐘，或喜歡睡前聽放鬆音樂的人來說，往往很難落實這樣的做法。

5 https://mmdlabo.jp/investigation/detail_2131.html

因此，我認為重點不在於完全拒絕手機，而是學會透過聽覺來享受手機娛樂。**現代人的工作、進修與學習幾乎全仰賴視覺，如果連休息時間也持續盯著手機，無疑會加劇眼睛的疲勞。**

事實上，手機提供了許多「用耳朵就能體驗」的娛樂方式，例如在收拾雜物或烹飪時播放談話性節目或廣播，讓聽覺代替視覺成為主要的感官體驗。

最近，我甚至將手機畫面調整為黑白模式[6]，以降低非必要的視覺刺激。黑白畫面能有效降低瀏覽社群媒體與網頁的興趣，對於想戒掉手機成癮的人來說，是值得嘗試的方法（對於我這種熱愛脫口秀的人來說，改用「耳朵」獲取娛樂，並不會影響享受樂趣）。

雖然「手機成癮」目前尚無明確的臨床定義，但精神科醫師安田雄一郎編修、相著作的《看漫畫了解心理治療：成癮篇（酒精、香菸、藥物）》（直譯）一書中，提出了一個簡單的「手機成癮」衡量標準：「**如果你的孩子也做相同的事，你是否會支持？**」

我覺得這是相當直觀易懂的判斷方式。例如，漫無目的地在手機遊戲瘋狂課金，與為了參加電競賽事而進行大量訓練，雖然兩者同樣花費大量時間在遊戲上，卻給人截然不同的感受。

POINT

學會用耳朵體驗手機娛樂。

❻ iPhone 使用者可在「設定」↓「輔助使用」↓「顯示與文字大小」中開啟「顏色濾鏡」，選擇「灰階」；Android 使用者則可至「設定」↓「數位健康與家長監護」↓「就寢模式」，選擇「自訂」並開啟「灰階」。

12 迷惘時，借助前人的智慧釐清方向

在前文中，我們提到了定期視覺化持有物品、思維與時間的重要性。同樣地，對於工作與學習的迷惘，也應及早釐清。例如：「目前我學習的課程真的有意義嗎？」、「當前這份工作值得繼續堅持嗎？」這些都是常見的困惑。然而，若在內心懷抱疑問卻仍勉強前行，往往只會降低學習與工作的效率。

即便是無來由的低落或焦慮，也應該適時尋求前輩或專業人士的建議，為自己營造一個能夠安心衝刺的達標環境。

若是與當前工作有關的疑問，最直接的方式是向公司內的前輩請教。然而，若是職涯規劃、自主學習、進修考證等長期發展相關的問題，比起只在公司內尋求建議，更推薦直接諮詢專業人士。

對於語言學習、證照考試，甚至是否攻讀ＭＢＡ，建議先參加學校或補習班舉辦的免費座談會，藉此獲取第一手資訊，並與業界人士交流。

即使目前沒有跳槽的打算，也可以嘗試參加免費職涯諮詢服務。如果希望獲得更正式、深入的職涯規劃建議，則可考慮尋找擁有專業證照的職涯諮詢師，透過專業的輔導進行更有系統的職涯規劃。

以臺灣為例，勞動部「臺灣就業通——Youth 職涯」網站[7]上，只要是年齡符合十八到二十九歲的青年，由專業諮詢顧問提供每年三次免費的「線上一對一即時諮詢」。內容包含：探索職涯目標、履歷自傳診斷、提升面試技巧、了解產業趨勢、強化職場生存技能及其他就業相關資訊等。

對於單純希望先聊聊、釐清思緒的人來說，這類平臺仍是一個相當有效的選擇。

7 https://coach.taiwanjobs.gov.tw/wdaecPublic/

我當初轉職時，也曾利用類似服務進行模擬面試，同時也深刻體會到，這類平臺能協助解決生活中各種疑難雜症，並提供寶貴的指引。

現今網路上能提供琳瑯滿目的便捷服務，即使需要花點錢，我仍建議大家及早解決內心的迷惘與不安，以免因猶豫不決而延誤達成目標的速度。

POINT

當你被內心的迷惘困住時，不妨尋求該領域的專業人士協助。

13 爲自己安排「正式上場日」

若抱持「有空閒時再努力」的學習態度，目標往往會因為生活的忙碌而不斷被延後。因此，我建議大家每年至少刻意安排一個「**上場日**」，為此努力自我調整，維持穩定的內在動能。

無論是考取證照、進修學習、運動健身、美容養生，甚至是健康管理，只要是你想努力的領域，都可以給自己設定一個正式上場的機會。最穩妥的方法，是在年初設定目標時，便提前規劃正式啟動的時間。

舉例來說，若你的目標是培養慢跑習慣，可以先報名一場馬拉松作為正式上場的契機，這樣便能迫使自己展開訓練。從鍛鍊身體的角度來看，在備戰馬拉松的過程中，根據自身狀態自然而然地做出調整，例如暫時戒酒、改善作息等，既能做好健康管理，向家人和同事解釋時，也更具說服力。

當然，你也可以透過**事先繳交費用**，或**邀請親朋好友一同參與賽事**，來營造一種「放棄會很可惜」的緊張感，以確保自己能夠持續前進。

設定上場日，在正式上場前反覆練習，將自己調整至最佳狀態，這正是達成目標的成功方程式。仔細回想，無論是考取證照、提案報告，還是在婚禮上致詞等公私場合，臨場前的準備與心理建設，其實有著共通之處。

刻意製造緊張感，不僅能增強內在動能，還能幫助自己適應挑戰與壓力，可謂一舉兩得。

刻意的微挑戰，會讓人活得更充實。

POINT

先給自己一個期限，就能朝目標邁進。

02 專欄・人生整理術
爲目標取個響亮口號，成爲督促自己的動力

如果只把目標默默寫進筆記本，不僅容易缺乏緊迫感，久而久之甚至可能徹底遺忘。因此，我建議大家用簡單明瞭的口號，向周圍的人積極宣傳自己的目標，為自己營造「一言既出，駟馬難追」的局面。

你可以將目標設定為手機待機畫面，或寫在記事本的首頁等隨時可見的位置。如果不想讓他人看到，也可以低調地提醒自己，像是使用手機的提醒事項，設定定期重複提醒，或將目標貼在像是手機背面等只有自己才會注意到的地方。

光是設定具體的目標還不夠，最好能搭配**激勵人心的響亮口號**。口號背後的願景，會成為你抵抗半途而廢心態的最後心理防線。

「挑戰多益八百分，我就能得到海外的工作機會！」

「想瘦五公斤，穿上 Levis 牛仔褲也能完美展現曲線！」大家可以盡情發揮創意，化身為「口號產生器」，打造各種響亮有力的目標口號鼓勵自己！

以我自己為例，我從小深受擔任編劇的祖父影響，立志將編劇的元素融入工作之中。無論是過去在創業投資公司的經歷，還是現在的城市建設領域，戲劇思維都佔據了重要地位。因此，在訂定年度目標時，我常會自問：「這齣年度大戲是否夠精彩？」透過這項準則，替目標增添戲劇張力，同時也賦予自己追求目標的動力。

身為整理師，我的願景是**幫助一億人規劃更好的生活**。目前主流的整理方式多半聚焦在斷捨離，但據我觀察，成功實現極簡生活的人和無法捨棄物品的囤物族之間的差距越來越大。因此，我希望創造出適合所有人的「無痛整理法」，不僅讓囤物族也能輕鬆實踐，還能延伸到思緒整理與時間管理。

現在，我已在這本書中公開宣言，未來我也會努力提升社群媒體影響力，讓這套整理方法幫助更多人！

如何利用
零碎時間

02 善用等待時間

當你有零碎時間時，會選擇無意識地滑手機瀏覽社群媒體，還是善用時間朝目標邁進？善加利用這些片段時間，日積月累之下，將會帶來巨大的改變。

候診和搭電車時

- 打開語言學習 APP 做問答測驗
- 利用 Kindle 閱讀短篇小說或商業書籍

在餐廳或公眾場所等待時

- 使用 Google 學術搜尋引擎（Google Scholar）搜尋感興趣主題的文獻綜述或論文

STEP

3

整理資訊

——用數位工具系統化的管理資訊，並內化為知識

養成讀書習慣是很好⋯
但我依然對學習不太拿手⋯
TOEIC
很多單字都看不懂～
線上課程
而且我從小就不擅長背書⋯
雜亂的電腦桌面，也會影響你的思緒喔！
兩者有關係嗎？
檔案和文件不是隨便堆在一旁就好⋯⋯
亂七八糟～
Mutually
Exclusive &
Collectively
Exhaustive
用MECE邏輯分析法，讓你不重複、不遺漏、建立層級，更有條理。
井然～有序
哇，桌面乾淨多了！感覺工作起來更順利了！
神清氣爽

隔天
可以參考這份資料去執行。
好的！
我把參考資料的連結傳給你。
太棒了，這樣有效率多了！
……所以我在公司也被稱讚了呢！
啪啪
鼓掌
只要學會整理資料，就能讓你更好的輸入知識。
你說的沒錯。
泡澡時看影片學習
散步和健身時背單字
飯後在沙發上休息時聽英文
煮飯時也能學習
relocation
這些方法我也辦得到！
在書桌前做最低限度的學習就好。

→續本書 114 頁

14 將自己花費的時間視覺化

整理房間的第一步，就是把所有物品拿出來。

無論是書架上的書，還是衣櫃裡的衣服，都要全部拿出來，再逐一審視，這個步驟的關鍵在於「動手」而非「動腦」。

如果在整理時，忍不住翻閱舊書、回憶情節，就會拖慢整體進度。所以，請暫時放空頭腦，像個機器人一樣，專注在「拿取與分類」，而不是「思考與回顧」。

時間管理與整理一樣，關鍵在於可視化。想要掌握自己的時間使用狀況，就需要讓時間具象化。

用記事本記錄下每週的生活行程固然很好，但如果懶得手動紀錄，也可以運用多種APP及線上工具，自動追蹤自己日常時間的分配。

善用 APP 與智慧裝置，優化生活管理

睡眠計時器	將手機放在枕邊，透過感測器偵測呼吸和身體動作，自動計算睡眠數據（如：Sleep Cycle、Sleep as Android 等 APP）
番茄鐘	透過「工作 25 分鐘，休息 5 分鐘」的計時功能建立固定節奏，增加學習和工作效率，也支援電腦使用。
智慧手錶	記錄步數、步行和跑步距離，可與手機同步數據。
活動量計	這是一款穿戴式健康管理裝置，雖然無法與手機同步，但可以測量心率與壓力指數，幫助監測身心狀態。

透過這些工具，打造身心健康的學習環境！

首先是估據許多閒暇時間的「滑手機時間」，我們可以設定自己的手機使用時間[8]。自從開啟這個功能後，我才驚覺到我在假日時，使用X（原Twitter）的時間一天超過兩小時。

因此，我決定移除手機上的X，並限制自己只能在電腦上登入。這樣一來，我每週使用X的時間大幅減少，現在僅剩十五分鐘！

如果想精確掌握睡眠時間，可以使用睡眠監測的APP；想提高學習效率，則可透過「番茄鐘」來提升專注力；想培養運動習慣，可以使用智慧手錶或活動量計，來全面追蹤運動

時間是這樣擠出來的

你都在用手機做什麼？

了解自己的時間分配，
思考如何更有效利用時間！

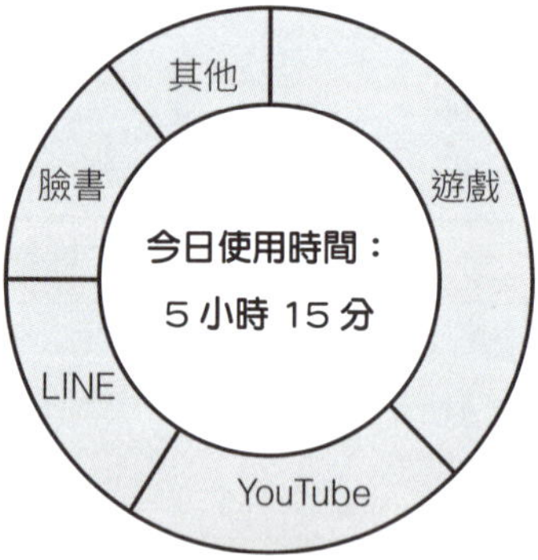

社群媒體、影片、遊戲……爲了實現目標，暫時先移除這些 APP。
減少 25%的手機使用時間，用來充實自己吧！

數據。手機中有琳瑯滿目的應用程式，大家可以根據個人需求選擇適合的工具。

除了管理日常習慣外，還應該定期檢視管理約會行程的記事本或行事曆，分析每個月的時間運用滿意度，例如：

- 第一週：聚餐太頻繁，導致睡眠與學習時間減少
- 第二週：工作壓力過大，滑手機的時間增加，壓縮到運動時間

透過這些工具就能自然而然地記錄個人時間使用狀況，並進行準確分析與調整。

POINT

用手機APP偵測「被遺漏的可用時間」，將零碎時間最大化利用！

❽ 如果你是iPhone的使用者，請在「設定」中打開「螢幕使用時間」查看；至於Android使用者，可以從「設定」內的「數位健康與家長監護」查看。這些功能會透過圖表顯示你每天使用手機的時間，並根據APP類型自動分類。

15 養成「睡前規劃明天日程」的習慣

為了讓大腦保持清晰，專注於眼前的任務（如學習、閱讀等），「待辦事項清單」是不可或缺的工具。你可以結合數位工具與紙本筆記，建立專屬的每日計畫，讓時間管理更有系統。

第一步就是使用數位工具全面管理待辦事項。

然而面對複雜專案時，光靠待辦清單可能不夠，可以改用能根據任務進度（待辦／進行中／完成）分類的看板管理工具「Trello」，或是用「Google 試算表」建立表格，清楚規劃專案內容與追蹤進度。

你可以利用這些工具的共用功能，輕鬆與同事、朋友和家人共同管理任務，讓協作更順暢。

我在攻讀ＭＢＡ期間，發現紙本筆記與便利貼無法應付大量功課與繁雜事務，於是開始使用 Trello 來管理工作。我將每項工作建立為「任務」，並根據截止日期分類管理，確保自己能有條不紊地完成學業。

當面臨籌備婚禮或搬家等人生重大時刻，我則是用 Google 試算表，以表格記錄待辦事項、負責人及執行時程，並與家人共用，以確保所有細節都能妥善安排。

設定個人目標時，許多人常忽略其背後隱含的執行事項。

舉例來說，假設目標是「在今年十一月通過日本簿記二級檢定」，包含的不單純是「讀書」，還涉及念參考書、寫考古題、準備模擬考等。

此外，簿記還分為「商業簿記」與「工業簿記」，需要妥善分配學習時間、評估適合的學習方式（如報名補習班或購買線上課程），以及處理報名考試等相關事宜。

如果只是在月曆上寫「週末念簿記」，過於籠統的目標，容易降低我們的執行意願。例如目標是報考十一月的簿記考試，就可逐月安排具體待辦事項：

- 一月：評估各種學習方法

- 二月：購買教材、觀看線上課程
- 三月：完成商業簿記教科書的首輪複習……

然後，使用 Trello 將待辦事項建立為「卡片」，或在 Google 試算表條列出任務，並於每週末逐一完成。

Trello 和 Google 試算表都可以免費使用，適合用來管理私人任務，不過市面上也有許多功能強大的付費辦公室生產力工具，部分功能也提供免費試用，企業也可以嘗試導入，提高團隊工作效率。

但我不建議將所有任務直接填入行事曆 APP，因為這樣容易被忽略。最好另外使用任務管理工具，再將重要任務的截止日期記錄在行事曆作為備忘，確保任務不被遺漏。

前一天晚上先規劃好**明天的待辦事項**，並寫下來。隔天從任務清單中挑選當天可完成的項目，組成檢查清單，完成後逐一打勾，確保每項工作確實執行。

編排任務時，最好安排一小時內可完成的工作量，並避免使用模糊的描述。例如「念

透過數位工具，高效管理任務

記事本、便條紙與筆記本難以管理的瑣碎任務，
就交給數位工具處理吧！
讓所有計畫清晰可視化，提升執行效率！

1 月

□查詢相關資料
□研究與比較各類教材
□報名講座

2 月

□購買講義
□報名模擬考
□開始觀看雲端函授課程

3 月

□完成 A 題庫練習
□購買考古題
□看完雲端函授課程

4 月

□寫考古題
□報名考試

5 月

□完成模擬考試題 B

* 建議使用 Trello 和 Google 試算表管理整個專案

將待辦事項分爲「優先事項和之後要做的事項」並執行。
行事曆很難綜觀全局，建議改用簡單明瞭的列表，更一目了然。

設定明確的檢查清單，確保行動落實

完成項目後打勾，然後堅持到底！

4/1（六）8～13點

✕	○
□寫 A 題庫	□寫 A 題庫到第 20 頁
□使用背單字 APP	□使用單字 APP，背到第二章
□調查教材	□評估應該需購買的教材

4/3（一）回家後

✕	○
□念英文	□利用 10 分鐘空檔觀看 YouTube 英文教學影片
□看相關資料	□泡澡時看 A 資料 20 頁
□寫考古題	□煮飯時看考古題的解析影片

將行動「具體化」是關鍵！

英文」太過籠統，應該具有清晰的目標和結構，像是「寫完題庫第一章」和「煮飯時播放考古題的解析影片」。

當日只專注於完成當日任務，切勿分心。如果臨時想起其他待辦事項，先記錄到任務管理工具的備忘錄，這樣既不怕忘記，也不會影響當天的執行計畫。

POINT

檢查清單上的任務一定要確實完成！

16 如何提取知識，比死記硬背更重要

許多人認為學習就是記住大量資訊，但我認為成年之後的學習，**其實有九成是資訊整理的功夫**。

事實上，在職場上，我們不需要像背單字一樣記住所有知識，而是要有能靈活提取並運用資訊的能力。

雖然考證照時仍需記憶部分內容，但其真正目的不是死記硬背，而是建構個人的知識體系，讓大家**能靈活應用所學的知識**。

降低學習門檻，關鍵在於整理和提取腦中的知識，而不是一股腦的死背。我們要做的，就是**將資訊整理得井然有序**，確保在遇到問題時，只要翻開筆記便能迅速找到答案。

透過快速瀏覽、聆聽學習內容，就能輕鬆進行知識輸入，像是使用便利貼在講義上記錄重點；若是教學影片，就用螢幕截圖和做筆記來記錄精華內容。

接下來，就是進行解題、整理筆記等**知識輸出**。只要能用筆記找到對應答案，就不必刻意背誦。

最後，我會使用支援電腦、手機等多平臺查閱、編輯的筆記APP集中管理所有資訊，就不用怕資料遺失。

舉Evernote為例，它並非只侷限於文字記錄，還能透過拍照來保存手寫筆記，雖然免費版功能就很強大，但付費版還支援「搜尋影像內的文字」功能，對於需要查閱大量資料的學習者來說很方便。

以我的經驗來說，在準備宅地建物取引士（簡稱宅建士，類似臺灣的房地產經紀人）證照考試時，我發現單靠寫題庫，要一步到位考證照的難度太高，因此在第一週，我先在教科書上畫重點，這樣看到題目時，至少知道該在哪個章節找到答案，大幅降低學習壓力。

透過反覆在書上畫重點、貼便利貼等傳統方法，就能自然記住重點。再者，將上網查到的資訊，活用書籤或是建立索引，就能快速組織大量資訊，方便隨時查找。

如果學習僅限於坐在桌前打開參考書，容易讓人產生心理壓力，反而提高了學習門檻。因此，建議從快速瀏覽與聆聽做起，這樣學習起來會輕鬆許多。

你可以重複播放相同內容加強記憶，學習地點不受限，沙發或是浴室都可以。特別在考證照和語言學習時，幫課文配上旋律或歌曲，隨著韻律朗讀輔助記憶是很常見的做法，只要反覆聆聽，自然就能琅琅上口。

我經常在泡澡時用 Kindle 電子書閱讀，直到身體變暖。為了方便複習，我還會用螢光筆功能標記印象深刻的內容，這樣需要回顧時，就能快速找到關鍵資訊。

POINT

快速提取資訊精華，減輕學習負擔！

17 一分鐘找到所需資訊的檔案整理術

整理資料對於實現目標和日常工作至關重要，特別是在處理新工作時，能夠快速找到關鍵資訊，是一大優勢。

所以檔案的歸類和整理應該從日常做起，確保需要時，能在一分鐘內找到答案。

整理資料的核心在於 MECE 原則，也就是 Mutually Exclusiveand Collectively Exhaustive 的縮寫，指的「彼此獨立，互無遺漏」。

「彼此獨立」意指不同類型的檔案應該分開存放，避免混淆；「互無遺漏」代表透過一看即知的資料夾名稱與階層分類，確保所有資訊都能快速被檢索。

我的檔案整理術如下：

- 一個資料夾只放一個檔案（若檔案數量較多，可在資料夾內建立子資料夾做進一步分類）
- 資料夾名稱加入編號，按照使用頻率排序。
- 將所有舊檔案移至「archive（歸檔）」資料夾內集中管理。
- 檔案和資料夾使用相同命名規則（正確範例：英語作文題目_教材 p.23_20240401，錯誤範例：作文題目〔提交用〕）

若覺得資料夾階層太多，點擊很麻煩，可以新增資料夾的捷徑，或是釘選資料夾簡化操作流程。當然，也可以替常用檔案建立桌面捷徑[9]。

只是，雖然桌面捷徑是很方便的功能，但桌面放太多捷徑也會讓人眼花撩亂，還是建議大家將檔案放在「我的文件」資料夾等固定位置進行管理。

---

❾ Windows 系統使用者請在檔案上按右鍵，點選「建立捷徑」。至於 Mac 使用者，建立捷徑的名稱為「製作替身」，你可以在檔案上按右鍵，或是按住 Option 和 Command 鍵不放並拖移檔案。

利用資料夾整理檔案，提升效率與思緒清晰度

將檔案整理得一目了然，
有助於釐清思緒，工作起來會更有條理

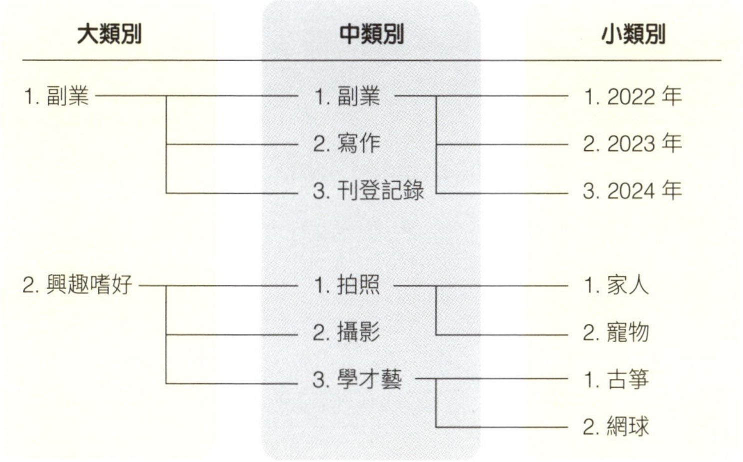

小類別按年份整理，檔名建議遵循「主題 _ 來源 _ 日期」格式，內容與存檔時間就一目了然。

當然，你也可以釘選工作常用資料夾，實現一鍵連結[10]。**當檔案整理得井然有序，你會發現不僅房間變整潔，連思緒也更加清晰**，因此養成整理習慣至關重要。

POINT

快速實現目標的人，往往是擅長整理資訊的高手。

⑩ Windows 10 系統的使用者請打開「檔案總管」，在資料夾上按右鍵，選擇釘選到快速存取；Mac 系統的使用者，將整個資料夾拖到 Finder 側邊欄，就能完成釘選。

18 一心多用的生活習慣，讓你學習更高效

學習與工作中，知識輸入（學習資訊）與知識輸出（應用知識）像兩個輪子，缺一不可。

根據我的經驗，輸入和輸出的時間分配，**黃金比例應該是「2：1」**。

由於平日忙於工作，知識輸出會變得斷斷續續，因此我建議利用零碎時間，**在書桌以外的地方進行知識輸入，到了週末，就能專心坐在桌前進行知識輸出**。

至於輸入的方式越多樣化越好，最好能融入日常習慣，減輕額外學習的負擔。如果設定「每天早晨看財經新聞」的目標，與其特地早起去咖啡廳看報紙，不如照往常時間起床，在洗漱過程播放新聞的影片，輕鬆完成知識輸入。

身為「東京電視臺BIZ」的付費會員，我每天早上都會善用片刻時光，收聽

前一天上線的《WORLD BUSINESS SATELLITE》（世界商業衛星）節目。在進行晨間保養與化妝時，我會花十五分鐘聆聽，接著在早餐時間與更衣準備時，分別再聽十五分鐘，確保自己不會錯過最新的財經動態。至於《日經特集：坎布里亞宮》和《日經特集：蓋亞的黎明》，則多半是在煮飯時同步觀看。

語言學習方面，我發現「聽書」的效果其實並不亞於「看書」。我就讀的語言學校鼓勵學生錄下課堂對話，因此，我會用 iPhone 的「語音備忘錄」錄音，然後在化妝或搭車時反覆播放。與其聽教學 CD，聆聽自己的發音更能有效提升口說能力。此外，在練習公開演講或提案時，我也會錄下自己的聲音反覆聆聽，以加深記憶並修正表達方式。

此外，我還會刻意將自己「**想要持之以恆的事**」自然融入日常生活，以下是我一心多用的生活習慣：

心多用的生活習慣：

- 吹頭髮時順便深蹲
- 烹飪時進行廣播錄音

- 飯後躺在沙發看線上課程
- 泡澡時看書
- 刷牙時順便整理收拾

至於知識輸出的活動，如寫作或題庫練習，我通常會集中在週末進行，而在忙碌的平日，則盡量避免長時間坐在書桌前。

POINT

將「知識輸入」巧妙地融入晨間洗漱的時間。

19 用零碎時間思考複雜難題就好

你是否曾有過這樣的經驗？為了構思一項全新的企劃，坐在書桌前苦思一小時，卻依然想不出任何有趣的點子？與其埋頭苦想，利用每天十分鐘的零碎時間思考，效果往往更佳。

這個方法的靈感來自我準備大學聯考時學到的「現代文學解題法」。與傳統Q＆A題型不同，現代文學的考題必須去揣摩作者的意圖，才能得出正確答案。當時補習班老師教我們，與其絞盡腦汁、不斷推敲，倒不如**透過分散式思考，每天花幾分鐘思索，靈感反而會更容易浮現**。

即使生活再忙碌，每天只要騰出十分鐘就能進行「分散式思考」，輕鬆破解難題。無論是在餐廳排隊、洗澡，甚至上廁所，都可以進行腦力激盪。尤其是在搭乘大眾運輸工具時，思考那些沒有標準答案的問題，往往能帶來意想不到的啟發。

例如，假日時我經常搭電車去拜訪朋友，在三十分鐘到一小時的車程中，我會使用手機應用程式（如筆記軟體 Evernote）記錄想法、構思企劃，我發現這樣的做法成效顯著。因此，我習慣利用這段時間來規劃出版企劃，或準備工作上的提案簡報。

如果你正思考與未來相關的議題，例如明年的目標、是否該轉職等，**無需專程安排一段時間進行深入思考，日常的通勤時間已經足夠發揮作用**。我也強烈推薦通勤時間較長，或即將出遠門的讀者，在出發前先設定好思考的主題，讓寶貴的空檔時間發揮最大效益。

POINT

十分鐘的分散式思考，應與三十分鐘的集中式思考加以區分。

20 善用手機，學習不該侷限於書桌前

你有仔細算過自己一天坐了多久時間嗎？對於朝九晚六的上班族來說，扣除午休時間，平均每天至少有八小時都坐著。

根據雪梨大學對全球二十個國家的調查[11]，日本的每日平均久坐時間為七小時，居世界之冠，相較於久坐時間最短的葡萄牙（二．五小時），足足多出近三倍。研究還指出，每日久坐超過十一小時的人，其死亡風險比每日久坐少於四小時的人高出約四成，可見長時間久坐會對健康帶來極大負擔。

在辦公桌前坐了一整天，回家後還要繼續坐著讀書，自然會讓人提不起勁。

久坐不僅會對身體造成壓力，也容易對長時間維持坐姿產生抗拒心理，進而降低學習意願。

從小我們被灌輸「坐在書桌前學習」的觀念，但對於每天已經長時間伏案工作的上班族來說，使用更靈活的學習方式，才能真正維持長久的學習動力。

因此，本書鼓勵大家善用手機，進行「行動學習法」和「耳聽學習法」。

行動學習法的一大優勢，就是能讓我們「躺著學習」。即使是久坐感到疲憊，或是身體不適想躺著休息，只要一支手機，就能持續學習。

目前市面上有許多專為外語學習者及考照族設計的問答式應用程式，遠距學習線上平臺的選擇也日益增加。我在準備宅建士證照考試時，就是透過一款學習應用程式觀看教學影片，並練習歷屆考古題，大幅提升了學習效率。

此外，我每天都會觀看以歌曲演唱方式傳授學科知識的 YouTube 頻道，透過輕鬆有趣的方式強化記憶。

攻讀ＭＢＡ課程時，我也常在睡前躺在被窩裡反覆觀看線上課程，抱持著「**即使聽到一半睡著也沒關係**」的心態邊聽邊學，這正是耳聽學習法的精髓。

---

⑪ https://www.city.kita.tokyo.jp/k-suishin/kenko/kenko/kenko-yobo/documents/standup.pdf

尤其近年來，YouTube提供了大量免費且涵蓋廣泛知識與技能的學習資源，建議大家主動搜尋感興趣的主題，並訂閱相關頻道。

POINT

平日善用智慧型手機，實踐「行動學習法」與「耳聽學習法」。

21 運用社群分享所學，也是種學習

許多人往往希望提出一個前所未見、無可匹敵的商業企劃，但若調查不足，便可能投入一場毫無勝算的戰役，甚至完全不符合市場需求。假如企劃人員閉門造車，構思出來的企劃往往容易與市場需求脫節。

因此，在公司內部開發新事業時，與同事或合作夥伴交換意見，有助於逐步完善構想。對於有志創業者來說，則可透過師徒制接受成功創業者的指導，或利用創業育成機構徵詢專家建議。

這種「透過交流完善想法」的概念，不僅適用於商業領域，在學習、興趣培養及自我提升方面同樣受用。**與他人交換意見，是奠定知識基礎、拓展新視野的關鍵。**

除了向老師請益，現代的社群媒體也提供了多元、便捷的交流管道，讓我們能與世界各地的網友共享知識。

向大眾表達自己的想法，除了有助於換位思考，來自網友的評論與回饋，也能幫助我們釐清未來的方向。

我經常在「note」（日本內容創作平臺，類似臺灣的「方格子」）上以整理收納師的身分撰寫部落格文章，並透過「Voicy」（日本音訊平臺，類似 Podcast）發表自己在整理收納方面的研究心得，而這樣的分享，也意外開啟了我的寫作生涯。

當初，我報名了 U-CAN 公司主辦的整理收納師一級認證課程，並將幫助親友進行居家規劃的感想整理成一萬字的心得文章，發表在 note 上。這篇文章吸引了出版社編輯的關注，進而促成了我第一本書的出版。

本書誕生的契機，同樣源於我在 note 上分享了一篇關於時間管理的文章，最終獲得責任編輯的賞識，得以將內容集結成冊。

分享所學、所見的方式有很多種，擅長寫長文的人可以使用 note 一類的創作平臺，喜歡短文分享的可選擇 X 這類的社群平臺，偏好拍照和圖說的人則推薦用 Instagram，善於口語表達的人則可考慮 Voicy 或 Podcast 等媒體。

除了分享學習內容，**分享學習方法**其實也比想像中更具參考價值。

如果你是社群媒體上的「潛水者」，不愛在線上發表意見，那麼不妨先揪周遭人舉辦小型的意見交流會。若是與工作相關的證照考試，也可利用午休時間召集新同事，舉辦學習分享會，討論學習時遇到的困難。甚至可以向其他也在備考的同事請教高效學習法——或許會有意想不到的新發現。

至於涉及副業或與工作無關的學習內容，則可以向親友分享。嘗試用淺顯易懂且生動的方式講解學習內容，不僅能幫助他人理解，也能讓自己釐清思路、加深記憶。

再者，與其把旅行中的所見所聞隨手存放在手機相簿，不如整理成易懂的簡報或影片與家人、朋友分享。透過這樣的方式回顧經歷，會比單純儲存照片更有價值。

除了個人分享，舉辦讀書會也是非常值得嘗試的方式。將自己在職場上的研究心得，或是自主學習的內容，**透過淺顯易懂的方式向他人解釋，不僅能幫助聽眾理解，對於自身的知識鞏固也大有裨益**。

然而，學習並不應該是單向輸出，單純照本宣科往往難以引起共鳴。所以大家應鼓勵聽眾主動提問，或在分享結束後詢問：「剛剛的內容大家大致理解了多少？哪個部分對你最有幫助？」透過現場互動的得到反饋，更能讓知識從被動輸入變為主動內化，亦能鞏固既有知識。

POINT

將學習內容整理成易於分享的形式，有助於牢記知識。

22 打造讓自己容易專注的環境

在忙碌的生活中，我們常常被瑣事淹沒，非但沒有時間深入思考當初設定的目標，甚至將目標忘得一乾二淨。雖然我們容易用最近太忙當作藉口，但越是忙碌的時候，越需要刻意檢視自己的思考方向。

心理學上有一個名為「彩色浴效應」（Color Bath Effect）的概念，指的是當我們開始關注某件事時，生活周遭與其相關的訊息會變得更顯眼。例如，如果一早有人交代你「外出後注意紅色物品」，那麼在一整天的行動中，你會比平時更敏銳地察覺紅色物品的存在。我們可以利用這種心理機制，讓目標時刻浮現在日常環境中，時刻提醒自己不忘達成目標。

保持專注思考的關鍵，在於將無關事物排除在視線範圍之外。

大腦的運作方式其實很單純——它會優先處理目光所及的事物。如果周圍擺滿與目標無關的雜物，或手機不斷跳出無關資訊，大腦的注意力就會被這些干擾佔據，難以集中精神。因此，實現目標的第一步，就是整理環境與手機，隱藏可能分散注意力的干擾源。

例如容易讓人分心的遊戲機或漫畫，不應隨意放在桌面，應該收納至櫥櫃內的有蓋收納箱。如此一來，就能減少下意識拿取的機會。同樣地，使用頻率較低的物品也應集中存放，確保視線範圍內只有真正需要的用具和物品。

這個原則同樣適用於手機。如果不加以整理，手機畫面就會變得凌亂，成為干擾專注的「誘惑溫床」。首先，調整手機通知設定，避免不必要的訊息干擾專注力。許多應用程式在安裝時，預設會開啟音效通知，經常打斷專注力[12]，甚至影響睡眠。因此，我也建議將電話和鬧鐘以外的**通知音效全數關閉**。

下一步，是刪除很少用到的應用程式，進一步簡化手機畫面[13]。

接下來，**優化主畫面配置，僅保留想看到的資訊**。如果你想養成看新聞的習慣，可以在主畫面中央擺放新聞APP的Widget（可顯示應用程式部分內容的手機小工具），並設定成大版面。相反地，我會把像 LINE 或 YouTube 等容易使人分心的應用程式，移至主畫面不起眼的角落。

像是 LINE 新聞、Google 搜尋結果中的推薦新聞、YouTube 短影片等，經常會在不經意間彈出，所以必須關閉這類應用的推播功能，避免原本想搜尋資料，卻一不小心逛起網站的情況。

POINT

將容易讓人分心的應用程式，移到不易點擊的位置，以免注意力被分散。

⑫ iPhone 使用者可前往「設定」→「通知」進行調整；Android 使用者可前往「設定」→「通知」→「應用程式和通知」進行設定。

⑬ iPhone 使用者可前往「設定」→「一般」→「iPhone 儲存空間」查看；至於 Android 使用者，長按要移除的應用程式圖示，然後拖曳至主畫面上方的「解決安裝」區塊。

03

專欄・人生整理術

初入職場，積極向前輩請教

部分應屆畢業生在求職準備階段，會透過學長姐或校友，了解自己心目中理想企業的內部狀況。我在大學三年級時，曾因渴望進入某間綜合貿易公司，而拜訪了六十位校友。現在回想起來，或許有些誇張了……

然而，進入職場後，直接向前輩請教的機會相對減少，但這並不代表「向成功者取經」的價值就此降低。

無論你是否在面臨轉職、留學、考取證照，或是想在家庭、事業與學業間尋求平衡，甚至是想深度鑽研個人興趣，只要內心萌生目標時，請主動向成功人士取經，學習他們的成功心法，往往能讓自己少走很多彎路。

雖然網路上充滿各式資訊，但遠不及來自身邊前輩的第一手情報。如果能向大學學長姐或職場前輩請教，絕對是最佳選擇。若找不到合適對象，也可以透過以下方式主動聯繫：

- 請前輩或朋友引薦，拓展人脈圈
- 透過社群媒體發訊息，向相關領域的人請教
- 參加講座，並在交流環節積極提問

無論選擇哪種方式，最重要的是坐而言不如起而行。

以我自身為例，當初被派往住友商事旗下的創投公司時，我特地約了幾位大學時代的朋友聚餐。其中有些人在創投公司任職，也有些人已成功創業，透過這次交流，我學到了許多寶貴的見解，提前掌握創業的關鍵心法。

當我剛踏入整理收納顧問這個行業時，也曾主動拜訪資深整理顧問，請教業界慣例與運作方式。

作為求教者，虛心受教的態度固然重要，但也不必因為「自己無法回報對方，會給別人添麻煩」而感到畏縮。事實上，只要事前準備充分，並將交流時間控制在三十分鐘內，大多數人都樂於抽空提供協助。

與其詢問網路上不知是否正確的資訊，不如抱持訪談的心態，深入挖掘受訪者的獨到見解。

如果是當面會談，帶伴手禮是種禮貌，對話時應避免觸及過於負面或是涉及隱私的話題。

我在轉職與攻讀MBA時，也有不少學弟妹跑來請教我。相較於零散的文字訊息溝通，我更偏好三十分鐘的線上通話或面對面交流，因為語音或現場討論，比起打字更能完整表達想法，同時也有效率多了。

當你展現積極主動、誠懇學習的態度，前輩們也更願意提供有價值的建議。所以請大家不恥下問，虛心求教吧。

03 高效運用午休30分鐘

大多數上班族的午休時間為一小時，但實際用餐時間往往不超過二十分鐘。所以請大家有效規劃剩餘的時間，幫助自己達成目標吧。

在辦公桌前，可以閱讀與工作相關的書籍，或是觀看線上課程。在咖啡廳或開放式空間，適合從事紙本學習，像是做證照考試的考古題，寫寫補習班出的作業，或是整理不懂的單字筆記。

當然，走路去公司附近的書店或是圖書館，購買或借閱一本書也可以。

在辦公桌前

- 閱讀與工作相關的書籍或商業雜誌
- 戴耳機觀看線上課程

在咖啡廳或開放式空間

- 逐題練習證照考試的考古題
- 將不懂的單字整理成筆記

在公司附近的書店或圖書館

- 挑選一本好書
- 查找公司書櫃中可借閱的書籍

STEP

4

整理優先順序

——設定每日任務，高效達成目標

STORY 04 忙到抽不出時間，怎麼辦？

雖然最近學習很順利……
每天讀30分鐘！
加油～
但都沒時間做家事了……
待洗衣服
髒碗盤
唉呀呀～
為了逃避不做家事的罪惡感，滑手機的時間反而變長了…
我們每天必須有2～5小時的自由時間，才能維持幸福感喔。
原來自由時間也很重要啊。
你目前的生活扣除工作和學習，空閒時間只剩1小時，
不想做家事也是人之常情。
約1小時
讀書
睡覺
洗澡
用餐
工作
超緊湊…
哇～
打電動逃避現實中
但我也沒錢請人來打掃…
嗯～

與其逃避不做家事，不如把做家事變好玩吧！
不可能～
做家事怎麼可能好玩？！
啪啪
不是要你把做家事當成娛樂，
喔喔！
而是邊做家事邊享受娛樂！
洗碗時看綜藝節目
綜藝大集合
洗衣服時看事先下載的影片
01 喜劇脫口秀
或是運動時聽Podcast。
大家好，歡迎來到臺灣通勤…
讓大腦誤以為「學習」和「工作」也是休息！
善用升降桌，一邊檢查郵件一邊原地踏步
邊泡澡邊背單字
入浴劑好香～♪
躺在床上，邊吃洋芋片邊看歐美影集學英文
並確保每天7小時的睡眠時間。
打鼾～
將想要達成的目標巧妙融入日常行程吧！

→續本書154頁

23 早上優先處理「大石頭」

「大石頭要先放進桶內，否則小石頭先裝滿了，大石頭就放不進去了。」這段話來自史蒂芬・柯維（Stephen R. Covey）的經典著作《與成功有約：高效能人士的七個習慣》（*The 7 Habits of Highly Effective People*），相信許多人都聽過。

大石頭理論不僅適用於人生規劃，同樣可以運用在每日行程安排。如果你計畫在週末展開進修學習，不妨利用起床後、吃早餐前的時間，先讀到一個段落。即使當天必須陪伴家人，或是忙著與三五好友聚會，仍然能在早晨的三十分鐘內進行片刻學習，不必非得讀完一個段落。

一大早就算只完成一小部分想做的事，也能有效啟動行動力，讓當日的時間規劃變得更具體。

比起一直心想「該讀書了……」、「工作還沒做完……」，卻又一邊逃避現實、無意識滑著手機，那樣的時間滿足感非常低。既然如此，不如抱著明確目的去享受：「現在就開心地玩遊戲吧！」「我要一次看完這部漫畫！」這樣不是更好嗎？

降低學習阻力，是晨間學習的成功關鍵，具體做法如下：

- 若剛開始覺得讀三十分鐘很累人，先讀十分鐘也可以
- 提前整理好桌面，桌面只放跟工作有關的相關用品
- 確保寢室和工作區域之間的動線流暢性

只要執行門檻變低，就不會對晨間學習感到壓力，起床後就會不經意地坐在辦公桌前，自然進入學習模式。

由於我假日起床後，就會直接投入工作，因此會先把早餐擺在辦公桌上，這也是我培養晨間學習習慣的祕訣。

那些聲稱自己適合夜間工作，熬夜到頭昏腦脹的人，很可能會誤判一天的節奏。

若因貧血等健康因素，無法在早晨立即坐在桌前的人，也不用勉強自己，在頭腦清醒前可以躺著學習，例如躺著聽教學CD、打開手機備忘錄整理待辦事項、用手機瀏覽PDF文件等，即便是躺在床上，也能充分利用時間。

POINT

起床後三十分鐘，啟動晨間學習，掌握一天的節奏！

24 借助他人力量，建立學習習慣

想著「等我有空再來做」，到頭來卻遲遲沒有付諸行動，大家是否有過這樣的經驗呢？

在忙碌的生活中，「有空的時候」其實很少真正會到來。

因此，**與其抱持「有空再努力」的心態，不如明確設定每週固定時間來執行目標。**

建議大家先從**三十分鐘**做起，逐漸適應後再延長學習時長。

我建議設定每週六**早上八點半**為達成目標時段，像平日一樣起床、直接投入學習或工作，讓你下午就能輕鬆享受週末時光。為了擁有充沛的週六早晨精力，也要記得週五晚上的聚會小酌怡情就好。即使是週末，最好維持穩定的作息，也可提前準備好早餐。

「同伴的存在」是實現目標的重要助力，就像許多人會請私人健身教練，讓人更容易建立運動習慣一樣，學習與目標達成也適合透過與他人約定來建立規律。

例如每週六早上九點安排線上英語課，即可建立「週五預習、週六學習、週日複習」的學習模式。

如今學習資源豐富，即使不出門，上線上課程、在家健身和學習瑜伽、參與國外大學的線上課程，甚至將自己的知識變現，發展為個人副業，都能利用電腦完成。如果你容易拖延或不愛出門，可以嘗試線上課程，作為目標的敲門磚！

假如不想花錢參加課程，而選擇完全自學，那麼克服孤獨感並堅持到底將是一大挑戰。我會推薦使用結合社群的習慣養成 APP，如「Flora 綠的專注力」。這款 APP 可幫助你專注、養成習慣，並與朋友分享達成目標的進度，為彼此加油打氣。

即使每個人目標不同，也可以與親朋好友相約學習，彼此激勵。以我家為例，通常把每週六上午當作學習或工作時間，各自在房間專注學習，中午一起吃飯，再享受悠閒的午後。

即使選擇孤軍奮戰，還是可以透過社群網站尋找同伴，或是建立LINE群組與朋友相互回報進度，提升學習動力。

POINT

在週六早上安排固定的課程，培養晨間學習的習慣！

25 平日專注輸入，假日進行輸出

我平日是一名上班族，副業則是整理收納師。自二〇一九年起，每年出版一本書，包括監修作品在內，本書已是我的第六本作品。

許多人常問我：「你是如何兼顧工作和副業，還完成這麼多事情？」其實，我主要在歲末年初或黃金週等長假期間集中精力創作，本書也是在歲末假期完成。

我的寫作速度約為每小時三千字，每天寫作五小時，因此三至四天內便能完成一本約六萬字的初稿。雖然後續仍需與編輯反覆討論與修改，但連假對我來說是寫作的關鍵時刻。

從專業作家的角度來看，每小時三千字的速度並不算特別快，但如果沒有事先累積足夠的寫作素材，很容易陷入靈感枯竭的狀態，導致進度停滯。因此，我會提前一年開始在備忘錄中整理與累積寫作題材，確保在真正動筆時能夠文思敏捷。

或許有人認為，每天利用零碎時間寫作就足夠了，沒必要一次性完成整本書。然而，對於一名上班族來說，在時間有限的情況下，**專注當下、一氣呵成**寫出的文章，往往比心不在焉、斷斷續續寫出的文章更具可讀性。

即使設定了目標，但是有空再做的心態，會讓我們很難在忙碌的生活中付諸實踐。特別是當需要撰寫書籍或論文等超過一萬字的大量內容時，短時間內全心投入、心無旁騖的衝刺進度，才是最高效的做法。

我大學時就讀東京大學經濟學系，研究所則是就讀一橋大學金融策略及企業財務研究所，期間分別完成了畢業論文與碩士論文。我發現長篇學術論文如果能一氣呵成完成，不僅能避免前後邏輯矛盾，還能降低內容重複的機率。

或許聽起來我像是全年無休，但實際上，我每天只會花五小時全心投入寫作。我通常早上八點半開始動筆，連續寫三小時，午休後再花兩小時，直到下午三點才停筆。剩下的時間，我會陪伴家人或看看電視，照樣能享受假期時光。

只要能在假期規劃出一段時間專注寫作，即使是上班族，也能完成一本書。除了寫書之外，我也會利用假期撰寫部落格連載文章，或提前拍攝影音素材，為社群媒體平臺上的發佈內容做好準備。

為了避免在專注時間到來時產生厭倦或偷懶的情況，建議大家在休假前先擬定**知識輸出大綱**，並確保放假前一天獲得充足的睡眠，讓身體保持最佳狀態。

我之所以能在年假期間高效輸出，關鍵在於接近年底時，就會利用零碎時間進行知識輸入。從夏天開始，我便開始籌備年假的寫作計畫，包括閱讀參考文獻、登門採訪相關對象等，為正式動筆做好準備。

環境也會影響工作效率。凌亂的書桌容易削弱專注力，不妨趁空閒時間進行大掃除，把書桌整理乾淨，幫助自己快速進入工作狀況，並維持專注力。如果工作過程中桌面再次變亂，可利用紙袋或置物籃暫時收納物品，打造一個適合專心作業的環境。

即使過年需要返鄉，只要老家有一張可供個人使用的小書桌，依然可以順利進行知識輸出。

懷抱作家夢的讀者，其實不必辭去工作，只要善用連假來嘗試寫作即可。長假最珍貴的地方在於，它提供了一個機會，讓人得以處理例假日也提不起勁去面對的耗神苦工。

報考語文檢定或專業證照的考生，可以在連假期間集中完成考古題，快速提升實力。喜歡旅行的人，則可安排為期一週的短期遊學，在當地進行高效學習。有心嘗試跨領域學習的人，也能利用假期接觸入門講義，評估自己與新領域的契合度，並在放假第一天正式展開學習計畫。

POINT

假期每天挪出五小時進行全力衝刺，將會帶來意想不到的成果。

26 每天睡飽七小時，提升學習與工作效率

許多人為了達成目標，會選擇提早起床讀書。然而，在忙碌的日常生活中，過度壓縮睡眠時間來換取學習時間，長遠來看並非理想做法。**真正應該優先考量的，是減少無謂的時間浪費，同時確保充足的睡眠，讓學習與工作更有效率。**

根據ＮＨＫ健康頻道二〇二一年六月二十六日的報導，成年人每天的最佳睡眠時間為六至八小時，但實際需求仍因個人體質而有所不同。即使自認已經睡滿六小時，但就寢時間與實際入睡時間往往有所落差，因此建議使用睡眠追蹤應用程式來監測睡眠狀況。

睡眠追蹤應用程式會透過「睡眠效率」來顯示就寢時間與實際睡眠時間的比例，而我的平均睡眠效率高達九成。

然而，我也常常從半夜一點躺到早上七點，但因為入睡時間太晚，實際睡眠時間只有五小時。

此外，這類應用程式還會根據起床時的身體狀況以五個級距來評分，透過數據分析，幫助使用者找出最適合自己的睡眠週期，相當值得一試。

長期睡眠不足會導致判斷力下降、專注力降低，甚至更容易受到誘惑，讓人原本該就寢時，忍不住熬夜追劇或滑社群媒體，最終陷入惡性循環。

別為了看似有用、實則無關緊要的資訊犧牲寶貴的睡眠時間。遵守規律的作息不僅能提升專注力，也能幫助你更快實現目標。

POINT

應該精簡的是無謂的時間，而非睡眠時間。

27

將興趣融入家務，提升生活滿足感

下班回家後，馬上坐到桌前處理家務，洗漱完畢後便早早就寢。這樣的自律生活看似理想，但真的能帶來幸福嗎？

根據加州大學洛杉磯分校（UCLA）心理學家凱西．莫吉納．荷姆斯（Cassie Mogilner Holmes）的研究[14]，**每天擁有二至五小時自主時間的人，對日常生活的滿意度最高。**

相較於整日無所事事，適量工作並利用自主時間放鬆，反而能讓生活更有充實感，所以因自主時間不夠心生不滿，其實很正常。

話雖如此，若非就職於極為彈性的企業，想在兼顧工作、自學與家務的情況下，每天保有兩小時以上的自主時間，幾乎是不可能的事。如果還需要照顧小孩或長輩，負擔更是難以想像。

雖然嘗試縮短家務時間確實有助於提升生活品質，但依然免不了要花費時間去做家務。

事實上，**做家務時，耳朵幾乎閒置，眼睛則處於半空間的狀態，這時不妨將個人興趣融入其中，讓自己在處理家務的同時，也能獲得滿足感**。例如，在烹飪、洗碗、洗衣時，可以收聽談話性節目，為家務時間增添趣味性。

你可以將智慧型手機或隨身電視放置在廚房，一邊播放影片一邊做家務。不過，建議選擇適合「用聽的」或內容較輕鬆的節目，避免需要全神貫注觀看的戲劇或電影，以免影響家務效率。

此外，整理房間或做伸展運動等不需過度用眼的活動，則很推薦收聽廣播節目。至於我本身熱愛搞笑綜藝節目，希望每天能抽出一小時觀看或收聽。因此，我通常會利用做家務、洗澡、準備就寢的這段時間，透過耳機收聽節目。但我平日晚上不會選

---

⑭ https://anderson-review.ucla.edu/too-much-free-time-blame-solitude-or-lack-of-productive-activity/

擇會搭配肢體動作表演的搞笑短劇，而是以相聲、談話性綜藝節目或廣播為主。

如果你是運動愛好者，可以在烹飪到用餐的期間收聽運動賽事轉播，或在打掃時播放曾經看過的動畫或連續劇作為背景音樂。

在忙碌的平日，應該盡量避免過度依賴視覺的娛樂。因此，請試著思考一下：在休息時間滑手機瀏覽社群媒體，或觀看分享優惠資訊的影片，**是否值得你同時佔用眼睛、耳朵與雙手？**

透過聲音社群媒體，或訂閱偏重談話內容的頻道，可以在不犧牲娛樂的情況下，減少對視覺的依賴。將需要用眼觀看的娛樂，轉變為透過聆聽來享受，不僅能減輕眼睛疲勞，也能更靈活地運用時間。

POINT

將用眼觀賞轉變為用耳欣賞。

28 邊聽邊學的「耳聽學習法」

雖然我們都知道學習很重要，但在忙碌的日常生活中，往往難以找到足夠的時間讀完一本書。

有些人會選擇在旅行時閱讀，但與其等待特定的學習時機，**不如選擇門檻較低、在家就能輕鬆實行的「耳聽學習法」**。

除了有聲書外，YouTube 上的說書頻道也是一種便捷的學習方式。我在探索新領域時，經常觀看這些頻道來決定該購買哪本書。特別是心理學、健康、營養、歷史、語言、IT 知識與投資等領域，都有大量免費且高質量的內容可提供參考。

透過聆聽書摘，不僅能更精準地挑選適合自己的書籍，還能發掘過去未曾注意到的優秀作品。

我的著作也曾多次被說書頻道推薦，頻道主的精闢分析，讓我深感佩服。

由於我習慣邊煮晚餐邊聽書摘，並在泡澡時閱讀，因此我選擇防水版 Kindle 作為主要的閱讀設備，這樣無論是在廚房還是浴室，都能毫無顧慮地學習。

此外，我會預先下載多本電子書到 Kindle，以便在通勤、等候看診、辦理公務、陪同購物或理髮時隨時翻閱，充分利用零碎時間。

值得注意的是，**我的書單是娛樂和學習的比重各半**。例如，我會交替閱讀商業書籍、參考書、小說與漫畫，輪流翻閱每本書的不同章節。長時間閱讀嚴肅的書籍容易讓人疲憊，因此我會交替著閱讀娛樂書籍，適時放鬆緊繃的頭腦，減輕疲倦感。

智慧型手機的螢幕較小，長時間閱讀容易造成眼睛疲勞，因此適合搭配 Kindle 等專門的電子閱讀設備。然而，如果只是用來觀看影片，智慧型手機已經足夠。至於需要大螢幕觀看的線上課程，使用電腦即可，無需特意購買 iPad 等平板電腦。

在家進行耳聽學習時，可以在不打擾家人的前提下，直接使用手機播放聲音，避免長時間佩戴耳機對耳朵造成負擔。

如果想利用通勤或候診等外出時間學習，建議選擇具備降噪功能的耳機，以獲得更好的聆聽體驗。

POINT

動手做事時用耳朵聽書，空出雙手時則用眼睛讀書。

29 縮短烹飪時間也是一種投資

煮飯是最耗時的家務之一。根據COZRE育兒市調二〇二〇年發布的數據[15]，育兒家庭平均每天花費四．四小時在家務上，其中煮飯佔二．二小時，打掃一小時，洗衣一．二小時。雖然非育兒家庭的家務時間可能較短，但煮飯與打掃的時間差距應該不大。

煮飯的過程繁瑣，包含洗菜、備料到完成烹調，對於忙碌的現代人來說，如何縮短烹飪時間成為一大課題。而讓廚房空間更具機動性，正是減少家務時間的基本原則。

如果廚具、食材或調味料擺放雜亂，不僅會影響烹飪效率，還會因為頻繁翻找或挪動物品，額外增加不必要的工作量。

因此，建議將常用廚具懸掛起來，例如在冰箱側面或抽油煙機上安裝磁吸式掛勾，或在牆面加裝吸盤掛勾，**盡可能讓檯面保持淨空狀態**。至於餅乾模具、攪拌器等一個月都未必會用到的器具，則可以暫時移至其他房間收納，避免佔據廚房寶貴的空間，讓下廚過程更加順暢。

若廚房空間有限，不妨靈活運用家中的閒置區域，例如櫥櫃、鞋櫃等，或在陽臺擺放迷你收納箱，將可用空間最大化。

為了減少採買與構思菜單的時間，我會利用產地直送的「蔬菜箱」宅配服務。此外，購買洗碗機也大幅縮短了餐後清理的時間。

根據二〇二一年旭化成的調查[16]，每人平均每天花費一三三分鐘在烹飪，其中二三

⑮ https://cozre.co.jp/blog/4429/

⑯ https://www.asahi-kasei.co.jp/saran/corporate_info/2021/press_20211129.pdf

廚具收納攻略：懸吊式收納

平底鍋、鍋鏟、湯勺……

可以用磁吸式掛勾懸吊在流理臺或是燈管上方

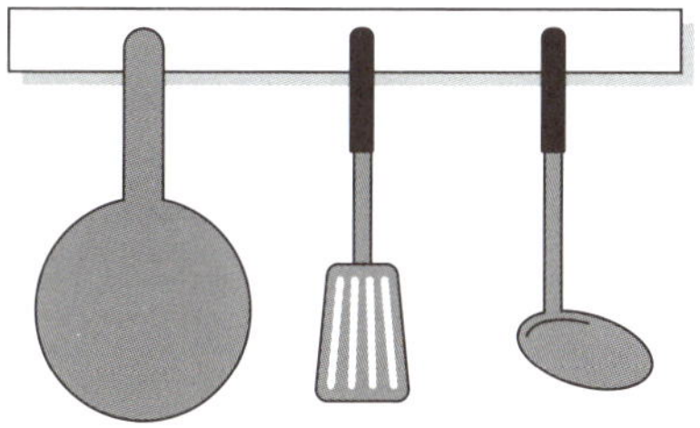

改善「移動、收納、搬運」的流程，讓家務變得更輕鬆！

分鐘用於清理善後。根據我的經驗，使用洗碗機進行清洗與烘乾可節省約十分鐘。

目前市面上有許多免安裝的小型洗碗機，即使是空間有限的家庭，也能考慮添購。如果你是獨居者，也討厭洗碗與烘乾碗盤，不妨入手一臺洗碗機，能有效減輕餐後整理的負擔。

均衡飲食是健康的基礎，過於省時省力可能會影響營養攝取。因此，對於忙碌到無法自行煮飯的人，可以選擇營養均衡的宅配訂餐服務，既能減少外食的時間與成本，也能確保健康飲食。近年來，也開始有「好準食」這類冷凍餐宅配服務，只需微波或電鍋加熱，就能輕鬆享用低糖低鹽、營養均衡的餐點。

POINT

縮短家務時間的前期投資，絕對值得！

30 利用等待時間，將學習內化為習慣

讓學習成為習慣的關鍵，在於將學習的啟動機制融入日常例行公事。**等待時間能**提供以三十分鐘為單位的專注時段，若能加以運用，將大幅提升學習效率。

日常生活中充滿等待時間，例如洗衣機運轉、燉煮料理、等待快遞的時間。此外，還有**很多不必同時運用眼、耳、手的生活情境**，例如泡澡、上廁所、吹頭髮、刷牙，還有從上床到入睡前的這段時間。

具體來說，將整理內化為習慣的方式之一是「雙手並用法」，例如：右手刷牙的同時，左手順手歸位物品。只要每天刷牙三次，每次三分鐘，就能輕鬆維持洗手臺的整潔與秩序。

想養成運動習慣的人，可以在吹頭髮時順便做深蹲，將運動自然融入日常生活，

運動頓時變得輕鬆無負擔。

對於希望培養閱讀習慣的人，建議隨身攜帶 Kindle，並將等待朋友、餐點上桌或搭乘捷運時，習慣性掏出手機的行為，改為拿出 Kindle 閱讀。剛開始可以從漫畫或雜誌入門，重點是養成接觸電子書的習慣，讓閱讀成為生活的一部分。

POINT

將「片刻學習」融入例行性的等待時間。

31 用刪去法找出化妝和穿搭風格

在資訊傳播發達的時代，關於美容與時尚的資訊，幾乎隨時可透過報章雜誌、社群媒體和影音平臺獲取。例如，美妝教學影片、流行新品介紹，甚至依據天生骨架提供的穿搭建議，內容可謂包羅萬象。

然而，當大腦處於疲憊狀態時，我們容易被「有用的資訊」吸引，進而投入大量時間與精力蒐集資料，最終可能適得其反，拖慢目標實現的速度。

想在忙碌的生活中達成目標，關鍵在於學會篩選資訊，而非貪得無厭地吸收各種新知。

原本想上網轉換心情，但上網搜尋資訊對眼睛跟大腦帶來的負擔，其實不亞於學習。因此，可以透過調整推播設定，減少自己經不起誘惑去點擊影音網站或網路新聞。

我的個人原則是：「**只關注對十年後的自己仍有影響的事。**」

雖然我會定期保養肌膚，但平時僅化淡妝，不做美甲與染髮，也不刻意追求流行服飾，這樣不僅減少了蒐集資訊的時間，也省下不少花在美容上的時間。

此外，我會將美容保養交給美容業者。當找到值得信賴的品牌後，我只會選購該品牌的產品，店員會依據我現有的保養品提供建議，並指導我正確的使用方式。

尚未找到適合品牌的人，也可以嘗試使用時尚管理應用程式。例如，免費的衣櫥管理APP「長腳衣櫥」，線上管理你的衣櫥，或穿搭靈感APP「StyleHint」，參考來自世界各地的穿搭，提供實用的穿搭建議。

有個人拍攝需求時，我還會留意造型師使用的化妝品，並偷偷記下品牌與產品名稱，之後購買同款產品。

除非你對時尚與美容有濃厚興趣，並希望深入研究，否則與其在社群媒體上四處搜尋資訊，不如直接參考專業人士的方法，不僅省時省力，也能避免踩雷。

POINT

避免將時間與金錢浪費在無謂的資訊上，採用專業人士的做法。

32 非必要的購物，限縮在生日當月

愛購物的人會給自己找千百種購物的理由，例如犒賞努力的自己、趁促銷撿便宜，或只是為了打發空檔時間。然而，請務必意識到，**購物不僅消耗金錢，還會佔據時間與空間**。

從整理師的角度來看，喜愛購物的人往往較不擅長斷捨離，對家中現有物品缺乏清楚的概念，因此更容易因為一時心動而重複購買類似的物品，例如家電、服飾、化妝品、廚房用品，甚至衝動入手根本用不到的東西。

因此，建議從整理的基本步驟開始——將家中的所有物品拿出來，進行**全面盤點**。據統計，每個人平均擁有高達一千五百件物品，即使難以一一拍照記錄，在整理過程中仔細審視物品仍然相當重要。

請依照使用頻率將物品分類，例如：**「經常使用」**、**「偶爾使用」**、**「具有紀念價值」**。分類完成後，再分組拍照存檔。在整理的過程中，你可能會驚訝地發現，自己擁有許多重複或用不上的物品。

當清楚掌握自己擁有多少物品後，購物慾望自然會降低。**建議每年僅前往實體店面購物一次，其餘月份僅透過網路購買生活必需品。**至於逛街，可以集中在生日當月等有促銷活動的時段，並透過網路回購在實體店購買過的用品。

近年來，化妝品與家電種類繁多，光是查閱評價與比價網站，可能就會耗費數小時。與其不斷比較價格，不如選擇值得信賴的推薦來源，一旦找到心儀商品後，便直接從曾購買過的平臺下單，不再進行無謂的比較，**即使價格未必是最低，卻能為自己省下大量時間。**

以我為例，雖然主要使用樂天（西友網路超市）、Amazon、Uniqlo、無印良品等網購平臺，但我會盡量避開首頁，直接進入**「購買記錄」頁面**，快速下單先前買過的商品。

我通常會利用捷運轉乘期間，在五分鐘內完成購物。**只要購物頻率不高，並能避**

免無謂消費與重複購買，即使沒有買到最低價格，也能節省不少開銷與時間。

相較之下，若在購物中心漫無目的地閒逛，一晃眼就會浪費掉好幾個小時，逛累了甚至還會去咖啡廳休息一下、喝杯咖啡，這些額外支出往往也不容忽視。

如果只是想轉換心情，不如以散步、運動或野餐等方式取代逛街購物。

POINT

別被促銷廣告影響，依據購買記錄理性消費，才能真正做到省時又省錢。

33 有效利用午休時間充實自我

根據勞動基準法規定，工作八小時必須安排一小時休息時間，大多數公司會將中午十二點至一點設為午休時段。各位讀者是如何利用這段時間的呢？

許多人在計畫學習時，往往選擇早起晨讀，但對於習慣晚睡的夜貓族來說，勉強自己早起可能事倍功半。若想學習與工作相關的知識，或準備證照考試，可以嘗試善用午休時間。

只要提前購買便當，快速前往員工餐廳，實際用餐時間通常只需十五至二十分鐘，剩下的三十分鐘就可以用來學習。

對於習慣與同事共進午餐的人，可以從每週一次獨學開始嘗試。對於社交疲乏的人來說，可能根本不會以獨學時間為苦。

有些人可能會覺得，在辦公時間學習會給人觀感不佳，但請記住，午休時間並不計薪。當手邊沒有緊急工作時，可以光明正大地利用這段時間，閱讀與工作相關的資料，或是觀看線上課程積極提升自己。

POINT

只要三十分鐘，也能用來學習與充實自我，讓時間發揮最大價值。

04

專欄・人生整理術

我是如何每年設定並達成目標

每年，我都會設定一個明確的年度目標，例如專案成功、跳槽、開創副業、每年出版一本書、修讀MBA、考取證照，或將多益提高到九百分等，而我也確實逐步實現了這些目標。

實現目標的關鍵，在於制定目標的方式。

首先是制定目標的頻率。許多人習慣在年初立下新年目標，最後卻無法堅持到底，我想原因在於每年只設定一次目標的頻率可能過低。畢竟真正的目標並非來自年初的突發奇想，而是從日常生活中的課題與興趣逐步延伸而來。

因此，每當日常生活中浮現挑戰的念頭，應該立即記錄下來。我會建立一個專屬於自己的LINE群組（利用LINE的群組功能但不邀請任何朋友），把名字設為「**夢**

想清單」。只要腦海一浮現任何想嘗試的事，例如「製作文具整理特集的網路影片」或「想入住這間沖繩旅館」，就會隨時發送訊息給自己，然後在休假或有空時回看訊息，規劃如何實現。

此外，我會每個月設定一個主題，並擬定一項具體行動計畫，甚至根據季節與個人行程安排不同的目標。例如：「依據檢定日期倒推，規劃當月的學習進度」、「趁換季徹底整理衣櫥」、「天氣回暖，週末安排慢跑或騎自行車」等。

設定月目標時，應選擇能在幾個週末內完成，且能帶來小小成就感的具體事項。例如「想提升英文能力」這樣的目標過於籠統。即使月目標的達成率不到五成也無妨，全年有幾個月達標就很棒了。

在目標執行的第一年，最重要的是總結自己在不同季節的學習狀態，例如：

- 春天因環境變動較忙碌，學習時間較少。
- 夏天有長假，可以確保學習時間。
- 秋天參加證照考試，但未通過（明年再挑戰）。考試後安排興趣活動與旅行，適時充電。

● 冬天氣溫降低，健康狀況較差（明年需特別留意身體狀況）。

事實上，約九成的人會忘記自己在年初設定的目標。在尚未認清自身實力的情況下，若將自己侷限在過於理想化的目標，最後無法達成，反而容易感到挫敗，變成本末倒置。如果連續幾個月未達標，也可以適時調整目標難度。**拋開完美主義，秉持「一個月能完成幾項也好」的輕鬆心態，讓目標實踐變得更可行。**

好的目標往往出現在大腦疲憊的時刻，例如深夜就寢前，或是長時間開會結束後的短暫休息時間。

「成為整理收納師和居家清潔管理師」是我近期實現的目標，而這個想法源於某天晚上撰寫收納整理部落格時的突發奇想：「偶爾也來寫些關於居家清潔的文章吧。」

於是我憑藉著這股衝動，透過日本 U-CAN 網站報名了居家清潔管理師一級檢定課程，學習清潔專家的系統化思維與技術。如果當時我過於冷靜，開始思考「是否能兼顧主業？」或「今年私人行程是否太過繁忙？」這類問題，可能就不會這麼果斷地採取行動。

最終，我決定先報名，再想辦法擠出時間學習，並透過零碎時間完成課程。如今，無論是透過線上平臺還是實體課程，都能進行跨領域學習。

因此，當你對某個領域感興趣時，除非費用過於昂貴而需要慎重考慮，否則不必過度糾結，直接報名課程成為一名學生，讓學習自然展開。

04 週六早晨

週六早晨是週末的重要衝刺階段，若能充分利用這段時間，不僅下午能心安理得的放鬆，也能為學習增添更多動力。為了避免珍貴的週六早晨在賴床中度過，請在前一晚確保充足睡眠，以最佳狀態迎接新的一天。

醒來後立刻安排學習計畫

- 每週六早上九點參加線上英語課程，八點半進行課前預習。
- 每週六早上八點半參加線上健身課程
- 與朋友相約週六上午一起上課，課後共進午餐

用清醒的頭腦整理待辦清單

- 在白板上列出週末計畫與待辦事項
- 梳理想做的事，進行新企劃的腦力激盪

透過動手解題喚醒大腦

- 先寫完兩頁的題庫再吃早餐
- 朗讀講義並做筆記整理重點
- 觀看四十五分鐘的教學影片，撰寫重點

STEP

5

整理內心

——驅散焦慮，一鼓作氣朝目標前行

STORY 05 **總是無法專心，怎麼辦？**

刷刷
沙沙
讚喔！
刷刷
沙沙
唉——
怎麼充滿負能量?!
在我努力學習的期間，其他人都在跟家人或戀人開心相處呢。
我原本就不太會唸書，如果當時順利通過考試，現在……
別擔心啦！
內心浮現負面情緒，代表你正一步步接近目標！
要對自己有信心！
真的嗎？
大多數人生活渾渾噩噩、得過且過。
購物
真開心！
聚會
玩手遊
通往目標的道路上，本就充滿孤獨和不安……
啪！

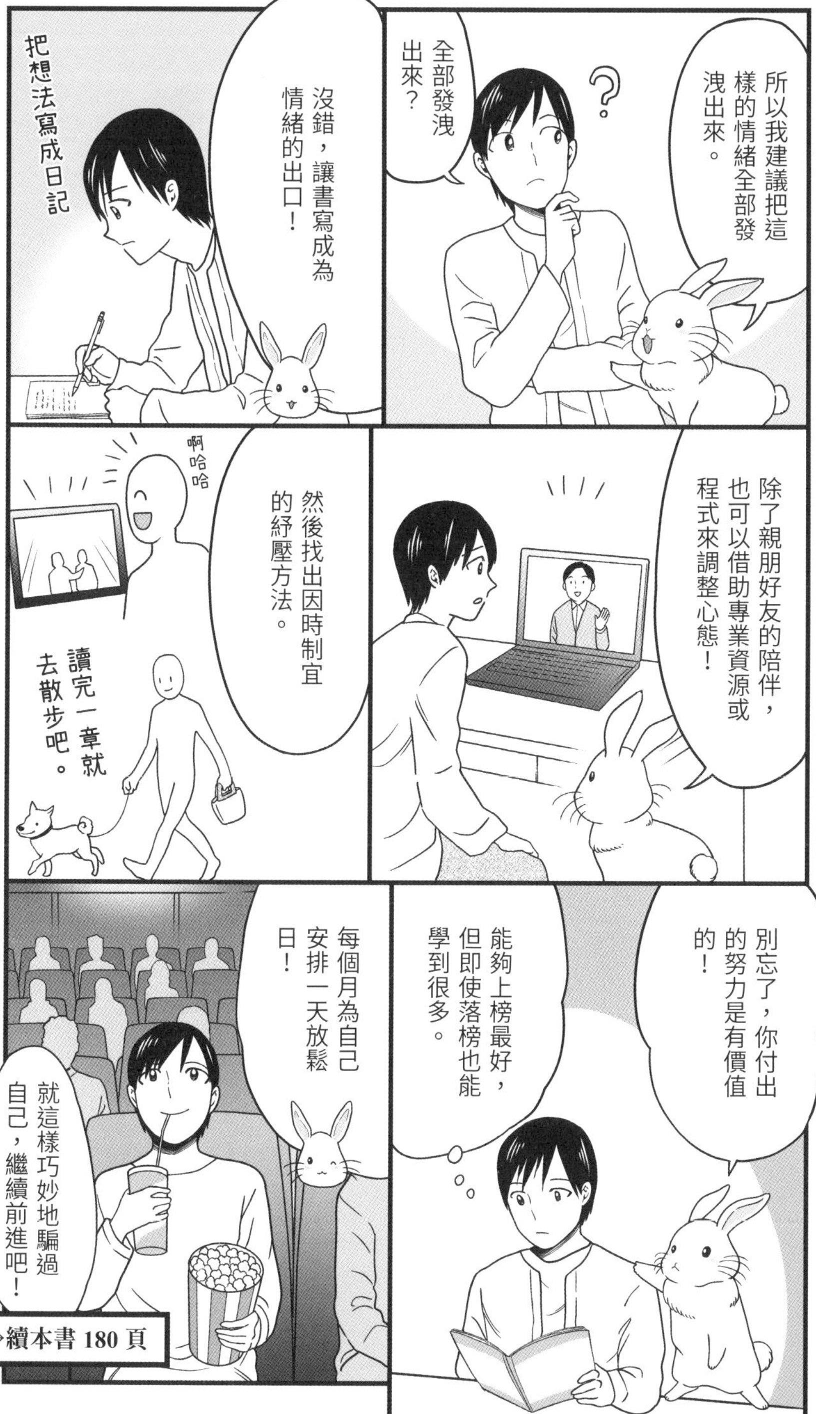
所以我建議把這樣的情緒全部發洩出來。
全部發洩出來？
沒錯，讓書寫成為情緒的出口！
把想法寫成日記
除了親朋好友的陪伴，也可以借助專業資源或程式來調整心態！
然後找出因時制宜的紓壓方法。
啊哈哈
讀完一章就去散步吧。
別忘了，你付出的努力是有價值的！
能夠上榜最好，但即使落榜也能學到很多。
每個月為自己安排一天放鬆日！
就這樣巧妙地騙過自己，繼續前進吧！
→續本書 180 頁

34 別急著否定負面情緒

雖然我們懷抱目標開始學習，腦中卻往往雜念叢生，難以集中注意力。

「自己本來就不是讀書的料……」這類過往失敗的經驗，時常削弱我們的自信心。當獨自努力時，也可能感到孤單，甚至羨慕那些看似無憂無慮的同事或朋友。

然而，**這種情緒波動，正是因為我們踏出了邁向目標的第一步，因此無須一味地否定它們。**不過，若無法承受這些負面情緒，屢次遭遇挫折後，可能導致自我認同感下降，陷入「設定目標↓遭遇失敗↓失去信心↓再次失敗」的惡性循環。

奧地利心理學家阿爾弗雷德・阿德勒（Alfred Adler）曾說：「**所有煩惱都是人際關係的煩惱。**」確實，無論是工作或私生活中的種種壓力，都可能讓我們無法專心投入當下的學習與挑戰。

此外，有研究指出「**孤獨感會降低專注力**」，換句話說，無論是選擇頻繁社交還是獨處，都可能帶來不同的煩惱。**人際關係的微妙之處在於過猶不及**，而這恰恰是最難拿捏的部分。

當目標的難度較高，或涉及自己不擅長的領域時，更容易產生焦慮感，甚至感到孤立無援。

當這些負面情緒浮現時，先試著自我肯定：「這代表我正在挑戰艱難的課題。」

畢竟，唯有經歷過壓力與挫折，才能學會如何調適情緒，鍛鍊壓力管理能力。

無論你選擇暫時放下目標來調整心態，還是選擇咬牙堅持繼續前進，從長遠來看，這些經歷都將成為你寶貴的養分。

當你因無法如願達成目標而感到沮喪時，可以多看看相似際遇的人做的經驗分享，為自己加油打氣。每個人都有自己的煩惱和難題，例如工作壓力過大導致無法專心學習，或每天都在看別人臉色感到身心俱疲等。

透過部落格或社群媒體，尋找與自己有類似煩惱的群體，也許能找到解決問題的線索（但請謹慎過濾資訊，避免受到錯誤訊息影響，徒增焦慮）。

在下一章，我將提出具體的解決方案，幫助大家更有效地應對這些挑戰。

POINT

肯定雜念與煩惱，將其轉化為前進的動力。

35 定期梳理自己的情緒

在整理房間與時間管理的章節中，我曾提及「**全面盤點**」的重要性。事實上，這個概念同樣適用於內在情緒的整理——如同盤點物品能幫助收拾房間，**釐清思緒的全貌，才能真正改善心境**。

許多人習慣向親近的人傾訴煩惱，以此紓解壓力，但對我而言，這並非易事。畢竟想與他人分享內心的困擾，前提是自己已經大致釐清其中的脈絡。此外，親朋好友畢竟不是專業諮詢師，他們的傾聽方式與建議或許出自善意，卻未必真正適用。

如果只是感到倦怠，也許做些讓自己開心的事便能抒解。然而，若煩惱的根源更為深層，單純的娛樂與消遣可能無法從根本上解決問題，甚至適得其反，使身心更加疲憊。

因此，我會嘗試透過自我療癒的方式來梳理情緒，或適時尋求專業人士的協助，傾訴自己的真實心聲。

在個人可執行的療癒方法中，我最推薦「書寫冥想」，將腦海中的想法寫下，事後回去讀寫下的內容，以幫助自己面對自我。

若覺得每天寫日記太麻煩，也可以使用數位工具來輔助。目前市面上有許多書寫冥想類的手機應用程式，例如「Daylio 日記」。

這款應用程式讓使用者每天只需選擇兩個圖示，就能記錄下當日心情和當天行程，並將自己的情緒和行程進行統計，了解自己潛在的煩惱，從而更容易覺察自身情緒。而且，它是一款免費應用，可在需要時短期使用。

不論是人際關係，還是職場工作有所困擾時，不妨預留一個小時進行書寫冥想。無論選擇手寫或電腦輸入皆可，我建議大家用「**三重敘述視角**」來描述同一件事。例如，針對戀愛相關的煩惱，可以分為三個視角來梳理思緒：

- 第一視角：純粹從自身情緒出發，記錄發生的事件與內心感受。

分三個視角書寫自己的煩惱

第一視角：記錄自己的感受

男友最近見面時總是心不在焉，LINE 的回覆速度也變慢了……
難道感情變淡了嗎？
是我做錯了什麼嗎？

第二視角：站在對方的立場思考

* 剛調到新部門，每天都筋疲力盡。
* 雖然週末想好好休息，卻得陪女友出遊。
* 平日應酬很多，沒留意到 LINE 的訊息。

第三視角：以時間軸來條列事實

3 月 1 日　男友調到了新部門。
3 月 2～7 日　每天都有傳訊，但他只回覆了一則。
3 月 8 日　我們下午兩點約在澀谷集合，看電影後共進晚餐，晚上九點解散。共進晚餐時，他比以往還要沉默。

花一小時把煩惱寫出來，讓自己不再反覆糾結。

- 第二視角：試著站在對方的立場回顧相同事件，即使摸不透對方的心思，也能透過想像補足情境。
- 第三視角：從客觀的時間軸出發，不帶情緒地條列出事實。

透過換位思考，俯瞰整體狀況，比起向朋友大肆傾訴，更能釐清情緒迷思，找到真正的問題所在。

在下一章，我將深入介紹如何尋求專業人士的協助。

POINT

透過書寫釐清情緒，不再被煩惱牽絆。

36 在情緒困擾初期可尋求心理協助

當發現自己難以獨自整理情緒時，不妨考慮尋求心理諮商師的幫助。許多人可能認為：「身心科不是等到崩潰時才需要去嗎？」其實，如今的心理健康服務涵蓋範圍很廣，從輕鬆的心理諮商到專業的心理治療都有。

為了能夠長期穩定地實現更多目標，心理健康管理應視為一種自我投資——及早察覺，適時調適。

煩惱無分輕重，只要感覺到自己的動力減弱，就值得正視這個問題。

排斥做面對面心理諮商的人，也可以改用手機聊天等線上心理諮商服務。只要知道無論何時都能找到傾訴的管道，心頭就會踏實許多。

除了自費，以臺灣政府為例，近年衛服部推出「青壯世代心理健康支持方案」，補助十五到四五歲的國人，每人三次心理諮商費用，鼓勵大家正視心理壓力與負面情緒。

POINT

與其寫長篇訊息在LINE上向親友或戀人訴苦，不如交給專業人士來協助處理。

37 設定強項、弱項與娛樂目標，維持學習動力

越是嚴謹認真的人，越容易以補足弱項為核心來設定目標。例如，英文不好就立志取得多益八百分；或因工作需求，決定報考簿記三級證照。

以解決問題的心態來設定目標固然重要，但若僅關注自身的弱項，當進展不如預期時，便容易產生挫折感，甚至陷入自我厭惡。

因此，**在設定「補足弱項目標」時，應同時搭配「優化強項目標」和「娛樂導向目標」，如此不僅能減輕心理負擔，也能提高成功的可能性。**

以我自己為例，去年我的目標是考取不動產經紀人證照。當時我剛轉職至不動產業，不僅工作上需要，那張證照幾乎所有同事們都有。

雖然我深知這是一項非考不可的資格，但我對這門學習並無太大興趣，雖然順利

通過考試後，確實能感受到知識帶來的實際助益，但備考期間仍有大量內容需要硬背，過程相當痛苦。

為了維持學習動力，我只好又給自己額外設定了優化強項的目標：「每年出版一本與整理相關的書」和娛樂導向的目標：「每天觀看喜歡的搞笑節目」。

當然，若同時涉獵太多領域，導致無法順利達標，便會本末倒置。所以**關鍵在於找到適當的平衡。即使在補強弱項目標的進展不順利，仍能透過優化強項目標的成就感重拾自信，並從娛樂導向的目標中獲得紓壓效果，最終堅持到底。**

與其對於自身弱項感到抗拒，最終滑手機逃避現實、徒增罪惡感，不如抱持著「即使補足弱項的進展不如預期，但有優化到強項也是一種進步」的健全心態來面對挑戰。

學習並無標準公式，與其執著於不適合自己的學習方式，思考如何善用自身的強項來提升學習效率才是王道。

學習方法更是五花八門，有人透過朗讀強化記憶，有人習慣整理筆記、死背硬記，或是透過嚴謹撰寫報告來深化理解；也有人透過向他人解釋概念加深記憶，甚至依賴影像記憶。

所以沒必要勉強使用學生時代就不擅長的學習方法，**優先選擇過往對自己奏效的方式就好。**

在時間管理上，建議在處理弱項目標時，適時穿插強項目標作為調劑，以維持良好的學習心態。

POINT

找到能提升動力的「優化強項目標」與「娛樂導向目標」。

38 不要過度犒賞自己

許多人在設定目標時，會搭配獎勵機制，例如：「考試合格後就買個名牌包」或「完成這項專案後去高級餐廳大吃一頓」。

適時停下來給自己一些獎勵確實無妨，但若設定了「只有達成極高難度的目標，才能獲得豐厚獎勵」的機制，可能會帶來負面影響。

當我們習慣將「高額回報」與「達成目標」綁定，便容易對較小的目標失去動力，無形中提高了激發行動的門檻。

這也是許多家長不願用物質來鼓勵孩子讀書的原因，擔心孩子只為了獎勵而學習，久而久之對學習本身失去興趣。

這種情況在成年人身上同樣適用。若每次完成一個小目標，都需要花費大量金錢或時間來犒賞自己，不僅可能削弱成就感，甚至帶來罪惡感與疲勞感。

「工作的報酬就是下一份工作。」[17]——這是我的大學指導教授高橋伸夫先生基於日本企業行動與組織核心思想所提出的觀點。

與其單純以金錢作為績效回報，日本企業更常採用「委派更重大的任務」來激勵員工，許多在日系企業工作的人應該都對此深有體會。這種「將努力本身視為回報」的思維不僅適用於職場，更是長期維持動力的關鍵。

實現目標的最大回報，就是擁有繼續設定新目標的能力。

當我們能夠享受努力的過程，將日復一日的精進視為一種價值，那麼付出努力本身，便會成為一件值得珍惜的事。

有些人會設立小獎勵機制，例如：「讀書三十分鐘後，可以看 YouTube 或玩遊戲」，但我認為這樣的方式效果有限。畢竟在沒有人監督的情況下，即使不讀書，也

⑰ https://www.jstage.jst.go.jp/article/amr/14/7/14_140701/_article/-char/ja/

依然可以輕鬆打開 YouTube 或遊戲，所以這種獎勵機制形同虛設。

因此我誠心建議大家，用自我激勵來取代物質獎勵，像是「**我已經學習三十分鐘了，我真棒！**」、「**雖然很困難，但我今天依然有達到設定的目標，我真努力**」來為自己喝采，該休息的時候就放過自己，盡情放鬆吧。

POINT

自我激勵的效果勝於物質獎勵。

39 採用因時制宜的紓壓方式

持續努力與堅持不懈的關鍵，不僅在於排解壓力，還需要能替意志力補充能量的各種紓壓方式。

單一的紓壓方式往往難以適應不同情境，因此，我們應該根據時間、地點、形式、人數等條件，建立一套**個人專屬的紓壓工具箱**，確保在任何環境下，都能不被壓力擊垮，持續努力下去。

首先，大家可以依據時間長短來規劃適合的紓壓方式，例如**「三分鐘的零碎時間、三十分鐘的休息時間和三小時的休假時間」**，分別適合怎樣的紓壓方式。

即便你是熱愛戶外活動的人，也不可能利用短短三分鐘內去戶外紓壓。此外，身體狀態與天氣變化也可能影響行程，所以最好事先準備好室內的紓壓備案，以應對突發狀況。

喜歡透過聊天來紓壓的人，也應該考量現實情況——親友未必總能配合自己的時間，甚至對方的情緒欠佳，反而會加重壓力。最理想的情況是，無論是室內或室外，都擁有獨自一人可完成的紓壓方式。

我們可以在實現目標的過程適時安排「小確幸時光」，在努力與放鬆之間取得平衡，例如安排三小時的黃金路線：「前往附近的高爾夫球場↓洗三溫暖↓享用日式定食」。

此外，在選擇紓壓方式時，也應考量感官負荷。如果你的興趣偏向視覺類，如看影片、漫畫、玩遊戲等，長時間下來可能會加劇眼睛疲勞，所以建議選擇不依賴視覺的紓壓方式，如聆聽音樂、泡澡、嗅聞薰香、靜坐冥想等。

若休息時間只有三分鐘，可以找個舒服的地方躺下，閉眼深呼吸，同時嗅聞放鬆的薰香，或使用泡棉滾筒按摩頭部。但前置作業越短越好，所以物品必須放在伸手可及的地方。

如果擁有三十分鐘的休息時間，可以選擇到附近的寺廟或公園散步，讓身心沉澱，或播放YouTube的瑜伽課程，在家進行簡單的伸展運動。

喜愛收聽廣播的人，可以事先將喜歡的電臺新增至「最愛清單」，避免每次搜尋頻道所浪費的時間。同時，為了確保放鬆效果，也應預先隱藏容易讓人分心的內容，打造一個舒適且不受干擾的環境。

POINT

選擇不依賴視覺的紓壓方式，有助於減少感官疲勞。

05

專欄・人生整理術

我的失敗經驗談：即使跌倒，也要朝目標邁進

從大學聯考至今，我始終都在制定並追求各種目標。然而，也有不少目標最終以失敗告終。

我始終秉持「**與其拘泥於成功率，不如專注於出手次數**」的心態，設定多個目標，期望其中至少能成功達成幾項。然而，回顧那些半途而廢的計畫，我發現它們其實有許多共通點。

明知是弱項，卻選擇孤軍奮戰

過去，我曾在多次證照考試中落榜。事後回想，如果當初願意花錢補習、購買線上課程，或與朋友相約共同備考，或許結果會有所不同。

現今時代，免費的學習資源隨處可見，所以我們很容易認為：「既然有免費資源，為什麼還要花錢？」尤其是面對自己的弱項領域，單打獨鬥不僅效率低下，也更容易喪失動力。畢竟弱項本來就比別人學得慢，還可能因為比較而感到沮喪。

所以我的感想是：**花錢提升學習動力，並不是浪費，而是一種投資**。

順帶一提，若是在職進修，例如攻讀MBA在職專班或學習英文會話和商業課程等特定課程，可以申請政府的在職進修補助。我當初攻讀一橋大學MBA在職專班時，就申請了政府補助，一半學費由政府負擔，最終僅花費數十萬日圓就取得了碩士學位，這無疑是非常划算的選擇。

忽略健康管理，導致計畫中斷

當我們設定高難度目標時，往往會過度逼迫自己，例如強迫早起、壓縮睡眠時間，結果導致免疫力下降，開始出現胃痛、感冒等健康問題，甚至不得不中斷學習一段時間。

在原本就忙碌的日常生活中，額外背負達成目標的壓力，無疑是對身體的一大負擔。

因此，若想要長期穩定地朝目標前進，就必須學會取捨。

我們應該拋開「凡事都要全力以赴」的舊有觀念，學會適時拒絕不緊急的工作與會議，在不影響生活步調的前提下，維持穩定的學習節奏。

如何利用零碎時間

05 連假和長假

春節、寒假、端午連假、暑假……既然每年都有這些假期，不妨好好利用吧！

返鄉探親

- 執筆撰寫長篇文章，如書籍或論文
- 一口氣寫完證照考試近十年的考古題

旅遊

- 起床後先洗個熱水澡，在早餐前的片刻時光，撰寫企劃書或整理目標。
- 安排一週的短期留學旅遊，上午上語言學校課程，下午觀光，讓旅程兼具成長與休閒。

STEP 6

遇到阻礙時

——在找到最適合自己的做法前，絕不放棄

STORY 06 對自己失去信心，怎麼辦？

進行了三週的自主學習，但成績卻沒有起色。
TOEIC
線上模擬考
690 分
工作也開始變忙碌，真不想面對這一切～
嗚～哇
打起精神來！
據統計，有半數的人在整理房間後不久，又會恢復雜亂！
好不容易整理乾淨…
一週後又恢復原狀
亂糟糟
房間復亂的三大原因。
① 雜物太多
② 缺乏固定的收納位置
③ 沒有養成歸位習慣
嗯…
實現目標也是相同的道理！
① 雜務和雜念太多
聚餐
加班到深夜、心煩意亂
② 用了錯誤的學習方法
apple
apple 的發音是…
英文發音
多益不考發音…

③ 尚未養成固定的學習習慣
哇～今天念了5小時！
結果兩週後全忘光了……
只要符合其中一項，就很難成功。
我好像全中…
失敗一次沒關係，關鍵是學會客觀地審視自己的生活，並適時尋求他人的建議。
沒錯！
透過拍照來分析自己房間復亂的原因。
受挫時可透過日誌來回顧狀況。
跟人商量後，可適時調整目標時程。
一般來說，要考到多益八百分，每天讀書至少也需要花上半年時間。
原來如此。
別拘泥於固定的學習模式，適當調整目標，再重新規劃吧！

40 隨時確保至少半坪大的舒適空間

我在第一章中，曾建議大家在家中規劃一張榻榻米大小（約半坪）的辦公空間。如果你依然覺得在家始終無法提起幹勁，很可能是辦公空間依然不夠。

書桌上堆滿了文件和書籍，導致可用空間不足；使用高度不合適的餐桌當辦公桌，長時間坐姿不舒服；辦公桌周圍缺乏充裕的收納空間，每次做事前都要整理環境……都會導致前置作業變得繁瑣，需要運用很強的意志力才能開展工作。

為了客觀檢視自己的學習環境，不妨先拍一張辦公空間的照片，看看有哪些地方可以優化。

此外，環境的細微變化也可能會影響專注力，像是氣溫過高或過低、空氣太乾燥、照明太亮或太暗、沒吃飽等。

冬天時，可以在腳邊放置迷你電暖器、鋪上電熱毯，或準備保暖襪與拖鞋，來改善辦公桌周圍的溫度，進而提升學習的動力。像我家在冬天時，會將平時少用的羽絨被和熱敷墊放在桌底，讓辦公桌附近比被窩還溫暖，成功克服寒冷天氣帶來的惰性，避免因怕冷而遲遲不想離開床鋪。

此外，環境中的噪音與視覺干擾也會影響專注力。若電視聲音過大，或經常與來回走動的家人視線交會，都可能讓人難以長時間保持專注。

總而言之，建議大家以「**替孩子打造最佳學習環境**」的視角，重新審視自己的辦公環境該怎麼優化。

對於雜物過多、難以保持桌面整潔的人，可以先將散落的物品暫時收進紙袋，模擬「桌面淨空」的辦公環境。**裝袋的目的是「將本月用不到的物品從視線中移除」**，並為本月會用到的物品設定固定、容易拿取的位置，讓學習過程更加順暢。

例如，每天會使用的講義與筆記本，放在辦公桌旁最容易拿取的抽屜內；常用的小物品，如眼藥水、護手霜、護唇膏就集中收納在盒內，連同紙巾、筆電充電器跟筆一起放在辦公桌旁邊的收納籃。相反地，不常用的商業書籍和文具備品可移至收納櫃。尚未看完的資料應避免直接擺在桌上，應貼上標籤歸檔，並設定行事曆提醒，以免錯過截止日期。

這種整理方式不僅適用於書房，也可應用於像廚房、浴室等處，優化日常生活的運作。

整理的目的不只是為了讓空間變得整潔，而是幫助自己重新審視辦公環境。

POINT

養成學習習慣，從打造適合長時間專注的環境開始。

41 利用「準時下班日」進修學習

即使立下目標也容易半途而廢，常見的原因有三種，各位讀者可以檢視自己是否符合下列情況：

①雜務和雜念太多
②用了錯誤的學習方式
③尚未養成學習習慣

若問題出在第一項「**缺少時間**」，那麼任何計畫都難以順利推進。因此，首要之務是重新檢視一天當中耗時最長的「工作」，看看是否有調整空間。

即使自認每天工作繁忙，仍建議重新檢討是否能減少加班時間。然而，對於被委派多項工作、責任感強的職員而言，工作量通常很大，即使試圖提高效率，最終仍可能被指派更多任務，導致工時無法有效縮減。

若有意在職進修，我會建議每週至少安排一天「**準時下班日**」。對於因個人因素提前下班而感到壓力的人，不妨選擇參加每週固定時段的講座課程，並事先向主管與同事報備此事，讓他們了解自己的規劃與目標，以減少心理負擔。

我過去在商社工作時，每天都自主加班至深夜。後來被派駐至新創公司，更是全心投入工作，連平日晚上與週末都忙得不可開交。然而，當我開始攻讀ＭＢＡ在職專班後，每天晚上七點都要上課，週末也被課業與作業佔滿，使我一度擔心自己無法負荷原本的工作量。

但真正開始上課後，在主管與同事的協助下，我最終在幾乎沒有減少太多工作量的情況下，每晚準時七點下班，順利兼顧工作與學業。

當時適逢二〇二〇年疫情期間，遠端工作與聚餐禁令普及，ＭＢＡ在職專班也改為線上授課，省去了通勤與應酬時間，使我能夠兩年內無缺課地完成課程，順利取得碩士學位。即便MBA畢業後，我依然會以準時下班為前提，逆向規劃自己一整天的工作排程。

不想影響到本業表現、難以主動減少工作量的人，更應該透過攻讀MBA或商業課程，**培養準時下班的習慣**。

至於本篇開頭提到的另外兩個影響學習目標的因素——學習方式與習慣養成，同樣需要善用周遭力量與工具，重新審視自我，突破現況。

關於第二項「學習方式」，請參考本書〈感到力不從心時，不妨檢討學習方式〉；關於第三項「習慣養成」，請參考〈透過線上跟線下平臺，串聯學習良伴〉。

POINT

告知周圍的人自己正在進修，讓他們了解自己的規劃與目標。

42 感到力不從心時，先修正學習方式

你是否曾在資訊蒐集不足的情況下草率設定目標，結果半途而廢呢？

對某個領域缺乏足夠了解時，往往容易將目標設定得過於遠大，或錯估達標所需的時間，導致學習過程挫折不斷，最後提早放棄。

如果設定的目標讓你感到力不從心，請拋開「別輕易改變目標」的僵化觀念，不妨聽取過來人的建議，重新檢視並調整學習方式。

目標越宏大，也越難看出進展，相對也會缺乏成就感，久而久之就容易感到倦怠。無論是追求目標、時間管理，還是收納整理，其核心思維皆在於**拆解與分類**。

為了破除盲點，可以先將目標細分為一個月內可以輕鬆達成的小目標，保持學習的新鮮感，確保自己願意持續投入。

舉例來說，若你的目標是「多益考八百分」，請分別拆解成**一個月內能達到的小目標**，例如：「記熟基礎單字，讓模擬試題的答對率達到九十%」、「完成三輪聽力模擬測驗」等。

若目標只停留在「努力加強英文」的模糊概念，自然無法制定出適當的月目標，達標率也會大幅降低。

無法自行拆解目標的人，可以先透過網路查詢資料，觀看 YouTube 相關影片進行初步調查，或是向身邊的過來人請教，甚至參加學校的諮詢活動，都是很有效率的做法。

POINT

將模糊的大目標轉化為具體可執行的「月目標」。

43 用金錢買回更多時間

如果你總覺得時間不夠用，不妨重新評估是否能透過金錢來換取時間。

根據日本總務省《令和三年社會生活基本調查》[18]，日本人每天的通勤與通學平均時間為一小時十九分鐘。在關東與關西地區，通勤時間更長，例如神奈川縣平均一小時四十分鐘，千葉縣與東京都則為一小時三五分鐘。

對於已購屋的人來說，要求搬到公司附近確實不切實際，但對於租屋族，尤其是不受限於居住地的獨居者而言，搬到離公司較近的地區，值得納入考慮。

假設能將單趟通勤時間從一小時縮短至二十分鐘，每天就能比其他同事擁有更多自由時間。

這項調查同時公布了日本人每日平均家務時間[19]，其中女性投入家務的時間遠高於男性（男性五一分鐘，女性三小時二四分鐘）。由於差距顯著，所以在此針對女性進行分析：四六％的時間是烹飪三餐，十八％的時間是清掃收納，十六％的時間是洗衣整燙，因此運用省時省力的家電，是減輕家務負擔的最佳策略。

以下是我家必備的「家電三寶」——洗碗機、掃地機器人和洗脫烘衣機，這三樣設備能減少清潔與整理所需的時間與精力。

此外，我每天都會使用浴室專用中性清潔劑，並定期備妥馬桶水箱清潔劑，雖然這類消耗品的使用量較大，但卻能有效縮短清潔時間。

如果實在忙到無法騰出時間打掃，也可以考慮使用居家清潔服務。許多人可能覺得這是一種奢侈開銷，但其實可以選擇局部清潔，例如季節性大掃除、水管清潔、冷氣保養等。我通常會在換季或年底大掃除時，請專業清潔人員協助。每三個月請清潔人員打掃一次，清潔時間約兩小時，每次費用為七千日圓（約新臺幣一千五百元）。

⓲ https://www.stat.go.jp/data/shakai/2021/pdf/gaiyoua.pdf

⓳ https://www.stat.go.jp/data/shakai/2021/pdf/gaiyoub.pdf

讀到這裡，可能會有讀者認為這樣過於浪費，但其實少去幾次咖啡廳，就足以彌補這筆開銷。

根據《四季報》報導，日本連鎖咖啡廳DOUTOR（羅多倫）的平均客單價接近四百日圓，如果每週去咖啡廳念書三次，一個月就要花費四千八百日圓（約新臺幣一千元），若選擇更高檔的咖啡廳，花費會更高。

除了咖啡的價格，咖啡廳的消費同時包含了「場地費」，因此將這筆錢投資在提升居家品質上，從長遠來看其實更加划算。

POINT

善用家務簡化策略，打造更省時、省力、省心的生活空間。

44 不想讀書時，要重新檢視學習方式

如果對學習提不起勁，不妨試著調整學習方式，讓自己重新找回學習的動力。

學生時代，老師可能會告誡我們：「不必買太多參考書，寫完一本就好」，但成年後的自我實現與技能培養，應該跳脫這種填鴨式學習思維。

如今，學習資源已變得更加多元，除了傳統的參考書，還有線上課程、學習應用程式、影音教材等不同選擇。與其固守單一學習方式，不如保持開放的態度多方嘗試，摸索出最適合自己的學習模式。

像小說或漫畫這類娛樂書籍，即使買了卻沒讀完，對生活也不會造成太大影響。然而，參考書或商業書籍帶來的是壓力，而非學習動力，那麼就不建議無謂地囤積。

那些未讀完的書籍，宛如未完成的任務，每看到一次，都會提醒自己尚未讀完，

久而久之，除了會影響專注力，甚至讓人失去挑戰的動力。

舉例來說，當初為了補強弱項，購買了一整套統計學參考書，但當這些書籍塞滿書架後，反而會降低添購新書的意願。即使暫時不去翻閱，它們依然在腦海中縈繞不去；書架上密密麻麻的書脊，也無法激發學習的動力。

書架不僅佔據空間，未讀的書籍也可能帶來強烈的視覺刺激，無形中成為扼殺幹勁的原因。**對於那些一時沒有動力讀完、但又捨不得丟掉的書，可以先裝進箱子或紙袋，來個眼不見為淨。**

至於參考書或商業書籍，不妨趁歲末年初，將它們上架至二手書買賣平臺（例如TAAZE），通常能賣到不錯的價格。若想騰出更多空間，甚至可以考慮連書架一併處理掉。

亨利．佩特羅斯基（Henry Petroski）在《書架：閱讀的起點》（*The Book on the Bookshelf*）一書提到，書架最早的用途，源自於中世紀歐洲貴族在家族聚會時，向賓客展示藏書，原本是出版業的促銷手法，後來普及到一般家庭。所謂「書架上擺滿書籍象徵學識淵博」的觀念，其實只是幾百年前的行銷策略。

建議大家將捨不得丟的書裝入收納箱或是放入櫥櫃，當月需要閱讀的書籍，可以分散擺放在客廳、廚房或其他生活空間。

POINT

書架其實是非必要家具。

45 透過線上跟線下平臺，串聯學習良伴

在學生時期，你是否曾在自習室與其他同學並肩學習，從而提升學習效率的經驗呢？即使彼此素不相識，但只要有人陪伴讀書，就能互相督促，減少孤獨感，甚至激發鬥志。

近年來雖然興起K書中心，但月費不便宜，且多數僅限於都市地區。圖書館雖然提供自習區，但座位有限，開放時間也有諸多限制。

想要養成每天固定讀書的習慣，最理想的做法是「將自家變成自習室」，並且與同住家人協調出一個「專注學習時間」，在這段共同專注時間中，再分頭去學自己有興趣的內容，例如：「九十分鐘後一起喝茶休息」。

若是父母能與孩子一同伴讀，不僅能監督孩子的學習，也能連帶提升自己的讀書效率，可謂一舉兩得。夫妻間亦可各自完成學習計畫後，再相約外出散步，享受愜意的假日時光。當然，若家人的時間無法配合，或對你的學習目標不甚理解，也還有其他替代方案。

即便是自主學習，也能透過網路串聯志同道合的「數位學伴」，例如報名教師親授的線上課程，或是在YouTube上搜尋「伴讀」，就能找到許多模擬自習室環境的免費情境影片（我在準備大學聯考時，也經常使用這類資源），讓自己沉浸在充滿學習氛圍的環境中。

將自家打造成自習室，讓自己能快速進入狀況

例如：在 YouTube 上搜尋「伴讀」

別只是單打獨鬥，營造充滿學習氛圍的環境吧。

此外，也可以透過LINE語音與朋友線上交流，在學伴群組內分享每日學習進度，重溫學生時代共同奮戰的備考氛圍。據說有人會建立減重群組，讓成員每天互相回報體重，彼此激勵，共同朝目標邁進。

努力追求目標的人，不僅能帶動你的正向情緒，更能激發你學習的動力。

當感到孤單或萌生放棄的念頭時，不妨尋求親朋好友或網路學伴的支持，借助外在力量幫助自己維持穩定的學習節奏。

POINT

學伴的陪伴與互相激勵，更能激發學習動力！

46 每月回顧目標，靈活調整下個目標

年初立下的目標，若未隨時間調整，往往會被遺忘，或因與現實脫節，最終只能作罷。

因此，除了將年度目標細分為月目標與日目標，還需要定期檢視與調整，確保自己始終朝著正確的方向前進。

最理想的做法是每天記錄目標完成度，但勤於做筆記的人畢竟是少數。因此，**建議至少每月檢視一次進度，並透過手機備忘錄進行簡單的紀錄與回顧。**

推薦使用第二章提到的「Dola AI」。請先建一個名為「目標管理」的 LINE 群組，並邀請「Dola AI」加入，對它輸入「每月月底提醒我回顧目標」的指令後，之後每個月都能在固定時間收到提醒。

為了均衡發展，建議每個月針對自己的強項與弱項，分別設定至少一個具體目標。例如我的三月目標是「完成多益閱讀教材第一輪」以及「每週末跑步，目標一個月跑二十公里」。到了月底，可以用百分比來評估各項目標的完成度，例如：「閱讀教材完成五十％」、「跑步總計三公里×三次，共四五％」。

相較於單純以「達成／未達成」的二分法來評估，使用百分比可以帶來更多成就感，即便未能完全達標，仍能看到自己所付出的努力。

為了讓數據更直觀，建議設定容易量化的目標，避免使用「提升英語能力」、「多跑步」等模糊描述。

如果每個月都設定過於高難度的目標，導致達成率長期低於二十％，久而久之可能會對未達標變得無感，甚至失去設定目標的意義。因此，當發現自己的完成率過低時，應適時調整計畫，確保每月的目標能夠轉化為具體行動，並做好目標管理，讓自己朝年目標穩步前進。

我認為實現目標的過程酷似**登山**。雖然攻頂俯瞰壯麗景色是登山的醍醐味，但登頂失敗未必是毫無意義的事。即使因天候不佳而無法一覽美景，沿途仍能欣賞山間花朵、感受同行者的善意、鍛鍊腳力、挑戰自我——這些經歷帶來的成就感，都是寶貴的收穫。

雖然多數人認為報名考試的意義在於合格，但即使不幸落榜，每一次的挑戰都是邁向成功的養分。學習到的知識不僅能應用於工作與日常生活，甚至還能與他人分享經驗，幫助更多人少走冤枉路。

越是認真朝目標前進，所付出的努力就越可能在未來發揮作用。

即使考試當天因緊張過度而未能發揮實力，**考前心理調適**的經驗依然會轉變成成功的養分，幫助你在下一次考試中提高勝率。

即使目標完成率僅三十%，依然遠遠勝過毫無計畫、原地踏步的人。

POINT

無論結果如何，都應該肯定持續進步的自己。

06

專欄・人生整理術

別輕信社群媒體上的完美假象

我們經常在網路文章、報章雜誌、電視或 YouTube 等各類媒體中，看到許多美好的圓夢故事。

例如辭職後，靠社群媒體或股票致富；從都市移居鄉村，過上悠閒自適的生活；透過自律與正念，成功扭轉人生……這些案例無所不在，使人不禁也興起擺脫現況，一頭栽入那個世界的念頭。雖然部分觀點確實值得參考，當作茶餘飯後的話題討論也無妨，但如果過度沉迷，甚至盲目追隨，則可能帶來反效果。

身為自媒體，雖然這樣說有些煞風景，但網路上的資訊大多經過精心包裝，只會呈現光鮮亮麗、通俗易懂的片面內容。此外，網友的留言往往容易被誤認為是大眾共識，但實際上，這只是極少數人的觀點。

當然，某些資訊仍然具有參考價值，我也鼓勵大家關注提供有益知識與娛樂內容的指標性人物。然而，如果你發現自己開始與他人比較，甚至因此感到低落，或覺得身邊的人層次不夠高，那麼請果斷關閉這些資訊來源。

值得效仿的對象，應該是那些能夠提供第一手經驗的真實人物，像職場前輩、同行夥伴、老師、同學或合作夥伴等。此外，別將某個人視為全方位的學習典範，應該依照不同領域尋找榜樣，例如：「這位前輩在專業領域的能力值得學習」、「某人擅長平衡工作與生活，非常值得借鏡」等。

如果目前尚未找到合適的學習對象，不妨主動去能認識到這些人的場合，或是請人引薦，積極尋求與這些人交流的機會。

與其透過二手資訊拼湊別人的成功模式，不如直接向成功人士請教，了解他們**真正付出了哪些努力**，獲得不為人知的**真實內幕**。

如果你遲遲無法確立目標，或提不起勁，請試著在現實生活中尋找值得學習的榜樣吧。

日復一日的苦讀後⋯
達成目標！
TOEIC
820分
太棒了！！
哇～
既然我的使命已經完成，
也該變回普通的寵物兔了。
轉身
揮手
咦？
原來是想像⋯
嚼嚼
但我開始認為自己可以實現目標了！

後記

無論如何都不要苛責自己

「利用歲末年初的年假寫完一本書」——這是我成為整理收納師後的例行公事，如今也邁入第五年。

最初，我的內容主要圍繞整理收納的主題，直到我的大學學長、在日美從事研究工作的堀越啓介先生得知我經營部落格後，給了我一個建議：「不妨試著分享時間管理與思考整理的技巧。」

於是，我開始在 note 部落格上撰寫時間管理的邏輯。後來，大和出版的葛原先生向我遞出橄欖枝，這個機緣最終促成了本書的誕生。

對於這段緣分，我深懷感激。

執筆本書的二〇二三年，是我個人生活充實而精彩的一年。

結婚、搬家、蜜月旅行、婚禮……一連串的人生大事接踵而至，而這本書的出版計畫也在春季正式啟動。然而，即使主業、副業與私生活忙到不可開交，我仍利用空檔時間閱讀參考資料、進行採訪，確保計畫能順利推進。

正如本書中提到的：「**實現目標少不了領航者的督促**」，寫書並非單打獨鬥就能完成。

因此，我由衷感謝在寫作過程中提供指導的編輯葛原先生，以及與我約定「進修時間」共同努力的丈夫，更感謝所有受訪對象的協助，讓這本書得以順利問世。

許多人驚訝地問我：「你是怎麼邊上班邊寫書的？」於是，我決定在這本書中分享自己的時間管理技巧，作為對這個問題的最佳解答。

寫作的過程讓我意識到，過去漫不經心流逝的時間，其實是多麼珍貴，而當學會善加利用時間後，對於生活的敏銳度也會隨之提升。

我深信，透過寫作培養出的「寫作能力」與「創意思考力」在各種專業領域同樣也能發揮價值。

實現目標的意義，不在於超越他人，而是為了成為更好的自己。

因此，無須與他人比較，也無須因為嘗試錯誤而責備自己，勇於多方嘗試，朝目標循序漸進。

如果總是以「工作太忙」或「等有空再開始」為藉口，不知不覺間，寶貴的時間就這樣流逝了。

希望這本書能夠成為讀者的助力，幫助大家成功實現目標。

米田瑪麗娜

翻轉學 翻轉學 148

從拖延症到高效行動「目標達成技術」

從房間整理到時間管理，讓好習慣自動化的 46 個練習

一生使える「目標達成」の技術

作者　米田瑪麗娜
譯者　姜柏如
封面插畫　金安亮
內文插畫　片桐了
封面設計　張天薪
內文排版　theBAND・變設計— Ada
責任編輯　洪尚鈴
出版一部總編輯　紀欣怡

出版發行　采實文化事業股份有限公司
執行副總　張純鐘
業務發行　張世明・林踏欣・林坤蓉・王貞玉
國際版權　劉靜茹
印務採購　曾玉霞
會計行政　李韶婉・許俽瑀・張婕莛
法律顧問　第一國際法律事務所　余淑杏律師
電子信箱　acme@acmebook.com.tw
采實官網　www.acmebook.com.tw
采實臉書　www.facebook.com/acmebook01

ISBN　978-626-349-971-3
定價　350 元
初版一刷　2025 年 7 月
劃撥帳號　50148859
劃撥戶名　采實文化事業股份有限公司
104 臺北市中山區南京東路二段 95 號 9 樓
電話：(02)2511-9798　傳真：(02)2571-3298

國家圖書館出版品預行編目資料

從拖延症到高效行動「目標達成技術」：從房間整理到時間管理，讓好習慣自動化的 46 個練習 / 米田瑪麗娜作 ; 姜柏如譯 . -- 初版 . -- 臺北市 :
采實文化事業股份有限公司 , 2025.07
面 ; 公分 . -- (翻轉學 ; 148)
譯自 : 一生使える「目標達成」の技術

1.CST: 成功法 2.CST: 目標管理 3.CST: 思維方法

177.2　114003190